ÉTUDE

SUR

L'ASSISTANCE

PUBLIQUE & PRIVÉE

CHEZ LES ROMAINS

PAR

Émile BROUSSE

DOCTEUR EN DROIT

PARIS

ALPHONSE DERENNE, ÉDITEUR

Boulevard Saint-Michel, 52

1876

ÉTUDE

SUR

L'ASSISTANCE PUBLIQUE & PRIVÉE

CHEZ LES ROMAINS

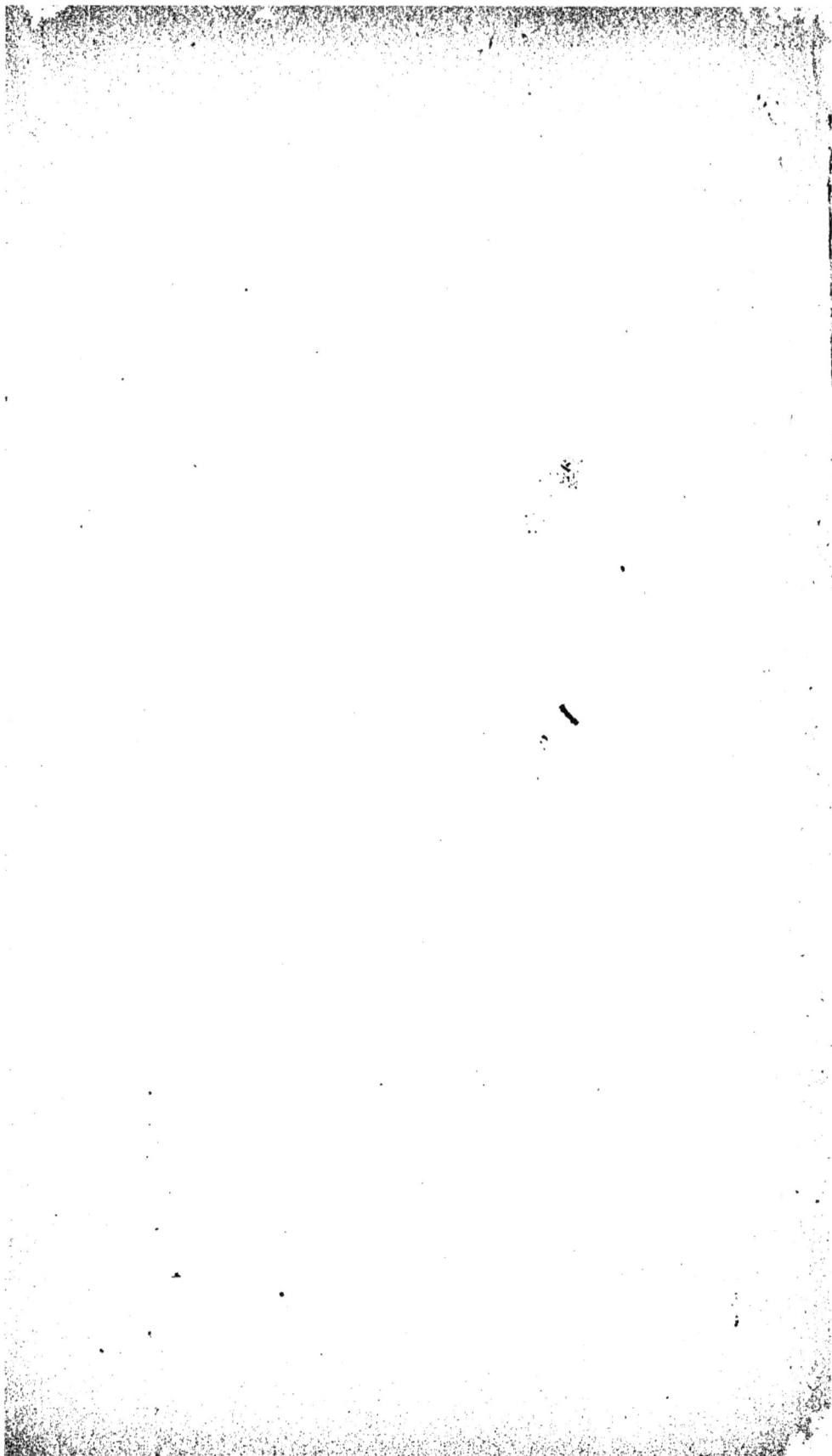

ÉTUDE

SUR

L'ASSISTANCE

PUBLIQUE & PRIVÉE

CHEZ LES ROMAINS

PAR

Émile BROUSSE

DOCTEUR EN DROIT

PARIS

ALPHONSE DERENNE, ÉDITEUR

Boulevard Saint-Michel, 52

1876

©

ÉTUDE

SUR

L'ASSISTANCE PUBLIQUE ET PRIVÉE

CHEZ LES ROMAINS.

CHAPITRE PREMIER

ORIGINE DE LA MISÈRE ET DÉBUTS DU PROLÉTARIAT CHEZ LES ROMAINS.

A l'aspect du nombreux prolétariat qui encombre la cité romaine depuis les derniers siècles de la République, on se demande quand il est né, et sous l'influence de quelles causes il est allé grandissant chaque jour, au point de faire de tout un peuple une nation de mendiants.

L'histoire de sa naissance n'est pas particulière à Rome. La misère est, en effet, sortie d'une révolution économique dans la possession du sol qui s'est produite dans presque toutes les cités anciennes, et qu'une étude attentive de leurs origines, et aussi de quelques sociétés contemporaines nous a révélée de nos jours. Chacun sait les aspirations des poètes anciens vers le retour d'un âge d'or qu'ils plaçaient dans les temps préhistoriques : âge heureux « où l'appropriation du sol par la plantation des bornes eût été un sacrilége, où la terre, commun et indivisible patrimoine des hommes, donnait spontanément de quoi suffire largement aux besoins de tous » (1). Cette vision de l'avenir était le mirage d'un passé très-réel. Si nous supposons un état social où la famille forme une vaste communauté solidaire pour la culture du sol et de mutuels services, où la terre soit indivise entre tous ses membres, nous aurons l'image d'une société où la misère ne peut exister. Telle fut la condition primitive de tous les peuples et en particulier, de la race latine.

« La terre romaine, dit l'historien Mommsen, se divi-
« sait dans l'origine en un certain nombre de circons-
« criptions appartenant chacune à une même famille, et
« qui se groupaient entre elles pour former les anciens
« cantons ou tribus villageoises... Là, comme dans le reste
« de l'Italie et aussi comme en Grèce, chaque canton se
« forma d'un certain nombre de communautés habitant le
« même lieu et appartenant aux mêmes familles. Le
« village et les maisons de la communauté ont leur terri-
« toire qui sera cultivé longtemps encore comme un
« champ patrimonial, c'est-à-dire d'après les lois de la
« communauté agraire (2). »

Une organisation sociale impliquant aussi l'absence de la propriété individuelle et le groupement familial nous est révélée pour les Germains par César et Tacite : « Nul
« d'entre eux, dit César en parlant des Suèves, ne pos-
« sède une certaine quantité de terre avec des limites
« marquant une propriété fixe. Les magistrats distribuent
« tous les ans aux groupes de parents réunis les lots de
« terre qui leur ont été assignés (3). » Tacite rapporte le même usage de ce peuple. Horace en dit autant des

1. Virgile. Eglogues, IV. Géorgiques, L. I, 125.
2. Mommsen. T. I, p. 49. Traduction Alexandre.
3. Cæs. B. G., IV, 1. VI, 22. — Tac. De mor. Germ., 26.

Gètes (1). On connaît aussi l'année jubilaire des Hébreux qui restituait aux anciens possesseurs les champs aliénés pour un temps, afin d'empêcher l'accumulation de la fortune foncière en un petit nombre de mains. Cette coutume nationale dut apparaître en même temps que la propriété individuelle et ses inconvénients, dont elle est un correctif énergique. Elle suppose une organisation première toute différente.

De nos jours, le régime de l'exploitation du sol en commun, par des communautés d'habitants, existe en Russie, en Serbie, à Java, etc. Or, fait bien remarquable, partout où on le rencontre, on ne trouve ni misère, ni pauvres (2). Il règne là, une aisance modeste de conditions, une *aurea mediocritas,* qui délivre l'homme du souci du lendemain, et donne à sa vie une douce sécurité. De bons esprits ont vu dans l'état de ces peuples, la dernière étape du progrès : illusion du patriotisme. En réalité le régime agricole de ces peuples n'est que l'épave d'une civilisation primitive préservée par son isolement des causes dissolvantes et qui finira par disparaître. Ils n'ont ni riches ni pauvres ; ils connaîtront plus tard la richesse et le prolétariat dès que l'industrie et la propriété privée y seront naturalisés. C'est que, partout où la densité de la population aggrave le danger des famines, la propriété individuelle se réalise pour le conjurer, étant plus féconde que la propriété collective.

Quand elle s'établit dans le Latium, il était encore dans

1. Hor. odes III, 18, 24. Geffroy. *Rome et les Barbares,* p. 177.
2. De Laveleye.
3. Abolition du partage égal et temporaire des terres en Russie ; Haxtausen, Paris, Franck, 1859.
4. Voir un excellent art. de M. Wirouboff. *Rev. Posit.* Sep.-oct. 1871 (Le Communisme russe).

la période de l'argent d'or. Tout individu se rattachait à une famille où la réciprocité des devoirs et des services assurait à chacun l'assistance en cas de besoin, quelque fût du reste son rang dans la hiérarchie domestique. On sait que les « Gentes » anciennes se composaient de deux classes d'individus, l'une supérieure, ayant seule des droits, l'autre, n'ayant guère, dans son infériorité, que des devoirs envers la première, sans être pourtant réduite à une dépendance servile. Exilés ou survivants de familles décimées par la guerre ou les épidémies, ils venaient se ranger sous l'autorité toute-puissante du chef d'une autre association et partager avec lui la religion de son foyer. Cette initiation à son culte les préservait d'une déchéance plus complète ; les mœurs, fort douces alors, protégeaient l'existence de ces futurs prolétaires. Le *pater* faisait à ses clients des distributions de terre sur le domaine commun, toujours maître de les révoquer à son gré. Festus nous dit que les « *Patres* » assignaient à leurs inférieurs des portions de sol comme s'ils eussent été leurs enfants (1). Probablement ils payaient une redevance en nature et le surplus des fruits leur était laissé. En somme ils ne souffraient pas de la faim. Quand la récolte manquait, ils devaient être nourris aux dépens des réserves communes de céréales, comme en Algérie avant que la conquête française eût altéré le caractère de la tribu arabe, les nombreux clients que soutenait autour d'elle la noblesse indigène voyaient s'ouvrir en temps de disette les silos « du chef » (2). La précarité des concessions, toujours respectées, n'était pas incompatible avec l'amélioration du sol. Le chef de famille donnait

1. Fest. V° Patres.
2. Ch. Du Bouzet, D^re d'Ec. Polit. de Block. V° Algérie.

l'exemple du labourage et se faisait gloire d'y exceller (1).

Tant que dura cette organisation, le prolétariat ne put se développer. Le client ne songea pas tout d'abord à s'affranchir de cette dépendance bienfaisante. « Il ne « voyait pas d'autre horizon que la famille à laquelle tout « l'attachait. En elle s'il avait un maître, il avait aussi « un protecteur. En elle seule il trouvait un autel dont il « pût s'approcher et, des Dieux qu'il lui fût permis d'in- « voquer. Quitter cette famille c'était se placer en dehors « de toute organisation sociale et de tout droit (2). »

Cette révolution eut lieu cependant ; on en ignore les péripéties pour Rome, elles n'ont pas laissé leur trace dans son histoire. Elle a eu certainement pour cause et pour point de départ la constitution de la cité romaine. Quand les chefs des Gentes, cessant de lutter entre eux, s'unirent pour fonder la cité, l'association de familles, jadis enne- mies, augmenta la sécurité commune. Or, il est remar- quable que tout progrès de la sécurité publique a toujours eu pour conséquence un abrégement de la famille, un relâ- chement de ses liens. Les clients, devenus moins néces- saires aux chefs pour défendre la communauté, ces der-

---

1. Ce qui se passe en Algérie, pour les tribus arabes, depuis la conquête française, nous explique, *de visu*, les causes de la désa- grégation des Gentes romaines. « La sécurité par nous établie a relâché l'intérêt mutuel qui unissait l'aristocratie indigène et sa clientèle.... L'interdiction des guerres de tribu à tribu, la pro- tection que notre police assure aux personnes, ont fait que la noblesse arabe n'a plus besoin de clients qui la soutenaient, qu'elle protégeait, et qui, en revanche, combattaient pour elle. » (La con- séquence directe de ce relâchement des liens de solidarité entre chefs et clients a été la terrible famine de 1867 qui a tué plus d'un million d'Arabes). De même à Rome la fondation de la Cité par l'alliance de plusieurs tribus rivales, la conception et la formation d'une autorité supérieure, religieuse et policière, a développé la sécurité individuelle et porté le premier coup à la tribu.
2. Pline H. N. L. 18, 1 *passim*.
3. Fustel de Coul. Ch. VI, 310, *La Cité antique*.

niers n'eurent plus sans doute pour eux les mêmes égards qu'autrefois. Il dut y avoir des révocations arbitraires des concessions territoriales à précaire, qui donnèrent l'alarme à tous, et confondirent leurs efforts dans un complot tramé pour briser leur servitude et rester maître du champ occupé de père en fils.

Dans l'Attique, quand l'aristocratie se sentit menacée, elle prit hardiment l'initiative de la réforme qui devait émanciper ses clients, et les transformer de simples tenanciers en propriétaires. Elle chargea Solon de négocier avec eux. « C'est une œuvre inespérée, disait-il, que j'ai accompli avec l'aide des Dieux. Je prends à témoin la « Déesse mère, la terre noire, dont j'ai en maints endroits « arraché les bornes. » Il venait d'accomplir une révolution sociale, puis il prit des mesures pour garantir la classe nouvelle contre le retour du servage et la reconstitution des clientèles (1).

À Rome, cette révolution ne s'opéra ni subitement, ni complétement. Nous voyons bien les clients s'émanciper et devenir la plèbe, confondus avec les étrangers qu'attirait dans la cité nouvelle le commerce naissant et l'appât du gain ; mais on voit, par l'évènement, qu'un seul sur deux de leurs vœux s'accomplit. Ils n'échappèrent à l'étreinte de la famille que pour aller, simples manœuvres dépossédés, offrir leurs bras à d'autres propriétaires.

Il est difficile d'assigner une date à cette révolution. On peut croire qu'elle n'était pas accomplie sous Romulus, par un passage de Cicéron qui nous apprend que ce roi mit le peuple dans la clientèle des grands. Il est probable qu'il obligea seulement les étrangers à se choisir un protecteur. En même temps que les Gentes se dissolvaient, la

1. Fustel de Coulanges, *D²* *des ant. Gr. et L.* V° Attique, p. 535.

propriété commune et inaliénable du sol devenait individuelle et transmissible, peut-être à l'occasion des nombreuses distributions de terre qui eurent lieu sous la
Royauté. La faculté d'aliéner, qui n'était pas corrigée
comme chez les Hébreux, par le retour légal et périodique
du sol à son ancien détenteur, équivalait à la liberté de
tomber dans l'indigence. Il est possible qu'alors des allocations par famille et non par tête, avec clause d'inaliénabilité, eussent pu constituer des Gentes plébéiennes. En
faisant entrer, sous cette forme, la plèbe dans le cadre de
l'ancienne société, l'État eût peut-être endigué cet élément
social, mobile et agité, qui, pareil au flot de la mer, allait
battre en brèche l'édifice aristocratique, et qui devait, après
une longue suite de dissentions intestines, le submerger
complétement. Seulement, la petite bourgade du Latium
ne serait pas devenue la dominatrice du monde. L'étude
de l'assistance nous montrera que la misère de Rome qui
devait causer sa ruine a fait aussi sa grandeur. La noblesse romaine, de bonne heure aux prises avec la question sociale, guerroya pour la faire oublier et calmer la
faim de la plèbe avec la dépouille des vaincus, en procurant à l'État moins des sujets que des contribuables.

CHAPITRE II.

CAUSES DE L'ACCROISSEMENT PRODIGIEUX DU PROLÉTARIAT
CHEZ LES ROMAINS.

« Il y eut un temps à Rome, dit M. Naudet, où dans
« la classe plébéienne tout le monde était pauvre sans
« que personne fût indigent ; mais cette heureuse égalité
« d'états médiocres ne pouvait se soutenir plus long-
« temps. » Pendant les premiers siècles de la République, le nombre des plébéiens propriétaires fut considérable, la Royauté avait fait de fréquentes distributions de
terres. Après sa chûte, la noblesse qui prit le pouvoir les
arrêta. Elle fit plus, elle s'efforça de déposséder les détenteurs du sol. Elle n'y réussit que trop bien. Chaque progrès de cette œuvre détermine un accroissement du prolétariat. Il semble qu'elle ait systématiquement poursuivi
cette idée aveugle ; en tous cas, trois choses l'ont bien
servie : la guerre, les tributs et l'usure. Rome fit presque
autant de guerres que d'élections consulaires. Une seule
année ne se passait pas sans expédition. Tite-Live nous
dit qu'une campagne fut une fois entreprise en pleine
paix pour que l'année ne se passât pas sans hostilités (1),
et Suétone rapporte que jusqu'à Auguste, le temple de
Janus, bâti par Numa, n'avait été fermé que trois fois (2).

1. Tit.-L. X, 1.
2. Suét. Aug. et Mon. d'Ancyre.

Le service militaire était ruineux pour les hommes de la plèbe. Il durait de 17 à 45 ans ; prenait tout homme valide, et le condamnait à faire chaque année quelquefois six mois de campagne ; plus tard même les Consuls exigèrent plus encore. Pendant cette absence les champs restaient en friche ; les semailles, le labourage, les récoltes se faisaient mal ou pas du tout. L'ennemi évitait parfois aux Romains la peine de récolter ; il ravageait le territoire étroit de la ville ; chaque échec (et la fortune fut souvent balancée) l'amenait sous ses murs. Les guerres avaient alors un caractère atroce de dévastation. Il semble, dit Tite-Live, qu'on la faisait moins aux hommes qu'à la terre, aux maisons, aux troupeaux. On pourrait appliquer justement à ces peuples la parole de Tacite : « *Ubi solitudinem faciunt, pacem appellant* », leur paix c'est le silence des déserts. Mille témoignages nous prouvent que les ennemis rendaient aux Romains tout le mal qu'ils pouvaient. A ces causes de ruine, il faut ajouter l'absence de solde pour le soldat, qui devait s'entretenir et se nourrir à ses dépens. Que lui restait-il ? le butin, bénéfice incertain dont le général le frustrait quelquefois. Au retour, sans pain, sans récolte, parfois sans foyer il trouvait encore le collecteur de l'impôt ; et souvent le Sénat l'accablait de corvées et de taxes arbitraires. Comment suffire aux exigences du service, du fisc, de la vie ? Il fallait emprunter. Le patricien était assez riche pour prêter. Il avait de grands domaines, accrus par les conquêtes et la jouissance exclusive de la partie du domaine public qui n'était pas affectée aux dépenses de l'État ou du Culte. Il prêtait à gros intérêts, d'abord sans gêne légale, puis, malgré les prohibitions de la loi. Le taux réel de l'intérêt variait de 20 à 40 % par an. L'usure était pratiquée

même par les plus honorables citoyens. Au bout du terme,
que trouvait l'emprunteur? L'expropriation de son patrimoine et même de sa liberté. Une sentence l'adjugeait
corps et biens, à moins qu'il n'eût pris soin d'éviter, par
son assentiment à une clause abominable, la peine au
créancier de s'adresser à la justice pour le saisir et l'entraîner dans sa demeure (1).

On n'accordait même pas au plébéien la jouissance des
terres conquises sur l'ennemi, où, dépouillé de tout, il eût
pu conduire encore quelques troupeaux. Celles qui étaient
mises en ferme au profit du trésor, les patriciens se les
faisaient adjuger à prix réduit.

L'action ruineuse de ces causes a été de jour en jour
plus intense et par conséquent la misère plus profonde et
plus irrémédiable. Peu à peu, dépouillé du sol, frustré au
partage de celui qu'il avait conquis, il ne restait même
plus au plébéien la ressource du travail. « Les riches, dit
« Appien, acquirent par la persuasion, enlevèrent par la
« violence les petites propriétés des pauvres qui les
« avoisinaient ; les terres et les troupeaux furent mis
« entre les mains d'agriculteurs et de pasteurs de con-
« dition servile afin d'éviter les inconvénients que la
« conscription militaire eût fait redouter envers des
« hommes de condition libre..... Il résulta de toutes
« ces circonstances que les grands devinrent très-riches,
« et que la population des esclaves fit aussi de grands
« progrès dans les campagnes. Tandis que celle des
« hommes libres allait en décadence par l'effet du
« malaise des contributions, du service militaire qui
« les accablaient, et lors même qu'ils jouissaient à ce
« dernier égard de quelque relâche, ils ne pouvaient

1. Giraud. *Du prêt à intérêt chez les Romains.*

« que perdre leur temps dans l'inertie, parce que,
« d'un côté, les terres n'étaient qu'entre les mains des
« riches, et que de l'autre, ceux-ci employaient pour
« les cultiver des esclaves préférablement aux hommes
« libres (1). » Les métiers manuels se fermaient à leur
activité. Dans toutes les maisons de riches des esclaves
étaient dressés pour les exercer. « Le peuple romain
« n'avait pas su, dit M. Naudet, rendre le luxe des
« grands tributaires de son travail. » (2). Il est plus
vrai de dire qu'il ne le put pas. Le luxe est postérieur
à l'introduction de l'esclavage ; et la noblesse, qui
donnait le ton aux mœurs, avait pris soin d'avilir dans
l'opinion le travail mercenaire, sans doute pour entretenir chez le plébéien le désir du butin et l'ardeur
militaire. Il est regrettable de voir en quel mépris
Cicéron tenait encore les petits métiers. Son erreur
prouve la persistance de ce préjugé (3).

Ces observations nous montrent les maux dont le
prolétariat romain n'a jamais cessé de souffrir. Il s'est
débattu dans l'indigence jusqu'aux derniers jours de
l'existence nationale de ce peuple. Ce n'est pas faute
d'avoir voulu s'en affranchir. La plupart, on peut dire
toutes les manifestations de l'assistance publique, dans
la période républicaine, sont précédées d'une lutte souvent très-aiguë quoique rarement sanglante. Ce peuple
répugnait aux moyens violents. Il n'en est pas qui
ait poussé plus loin que lui le respect du serment et
de l'injuste légalité. Mais la noblesse n'accordait rien
que par crainte de l'exaspération populaire. Un jour

1. Appien. Ch. I, liv. I.
2. Naudet. *Mém. de l'ac. des Insc.*, t. XIII (3-4).
3. Cic., *de Officiis*, L. II.

vint où le peuple se vendit à un homme qui promettait de lui donner de la sécurité contre la faim.

L'Empire fut le grand pourvoyeur de la multitude affamée. Elle entendait bien qu'il n'oubliât pas ce rôle, et le lui rappela parfois durement, comme à Claude, à coups de pierres (1). Son assistance égoïste, fut presque toujours corruptrice. Cependant nous verrons quelques princes bienfaisants. s'inspirer moins de l'intérêt personnel que de la justice, et d'une intelligente charité. En somme, il ne négligea rien pour que le peuple fût soumis, étant rassasié; il pourvut même à ses plaisirs par surcroît; mais le cirque ne doit pas nous faire oublier le pain. Il faut rendre cette justice à l'Empire, d'avoir su, quand l'indigence était la condition inéluctable du plus grand nombre, atténuer ou prévenir souvent les disettes et les révoltes de la faim. Seulement il faut déplorer les moyens et les conséquences d'une telle assistance. Car l'abondance de Rome était faite de l'épuisement du monde, et l'avilissement des caractères résulta de la liberté perdue; deux dates seulement: en 102 av. J.-C. les barbares Cimbres et Teutons sont complètement défaits par Marius. En 375 apr. J.-C. Valens se chargea lui-même de les installer dans l'Empire, et leur fournit des barques pour passer le Danube. Les malades mêmes ne furent pas oubliés sur la rive opposée. « *Ita turbido instantium orbis Romani pernicies ducebatur* (2). »

Étudions maintenant les différentes espèces de secours que les indigents ont obtenus de gré ou de force, de la peur ou de la prévoyance de l'autorité publique.

1. Suét , Claude, 18 et 19. Tac. Ann, XII, 42.
2. Amm. Marc.

CHAPITRE III.

MESURES D'ASSISTANCE.

SECTION 1re.

Distributions de terres et fondations de colonies (1).

Quand on s'est bien rendu compte des causes sous l'influence desquelles s'est développé le paupérisme dans la société romaine, quand on a vu la terre et le travail libre, ces deux uniques éléments de la vie, manquer au peuple, désormais réduit à une oisiveté turbulente et dangereuse pour le repos public, on comprend que les hommes clairvoyants de la plèbe et de la noblesse aient, de bonne heure, songé à rétablir l'ancien équilibre des fortunes en restituant à la plèbe le sol dont les violences légales ou iniques des grands l'avaient dépouillée. On eut bientôt recours aux distributions de terre. Quant au travail libre, Rome, à la différence d'Athènes, n'essaya pas de le protéger contre la concurrence du travail servile (2). Si chaque famille eût retenu assez de sol pour en vivre, peut-être l'introduction de l'esclavage dans la société romaine n'eût pas contribué à la misère, et aggravé le paupérisme. L'esclave

---

1. Vr Humbert. *Dictionn. des antiq. Gr. et Lat.* Vo Lois agraires. Macé. Lois agr. et la note bibliographique qui accompagne l'excellent article de M. Humbert.
2. Cependant la loi Licinienne contenait l'obligation pour les *possessores* d'employer un certain nombre d'hommes libres pour surveiller la culture. Vr aussi Suét., Cœs. XLII.

(qu'on me pardonne la brutalité de cette expression toute romaine), considéré comme bétail humain et distribué entre toutes les exploitations agricoles, y eût été un élément nouveau de richesse ; mais il est douteux que l'équilibre des fortunes se fût maintenu au contact de cette déplorable institution. Survenant, quand il était déjà rompu, elle accrut la fortune des uns, et la misère des autres. La terre seule pouvait régénérer la plèbe ; ne pouvant l'acquérir par l'épargne du travail, il fallait nécessairement que l'État intervint pour la lui rendre ; c'est ce qui a eu lieu maintes fois.

Seulement, il faut bien se garder d'attribuer aux distributions des terres faites en exécution des *« leges agrariæ »* le caractère de dispositions spoliatrices et d'attentats à la propriété privée (1). Ce serait une erreur complète. Accréditée par quelques érudits du xvi⁰ et xvii⁰ siècles, elle est abondamment réfutée de nos jours (2). Aucun peuple n'a poussé plus loin le respect de la propriété. A part les violences privées des grands toujours illégales quoique impunies et les confiscations en masse ordonnées par quelques dictateurs, elle ne reçut aucune atteinte, ni la détention du sol aucune limitation. Chacun fut libre d'en avoir autant qu'il en pouvait acquérir. L'État ne fit jamais de largesses foncières qu'à ses dépens : c'est-à-dire en partageant le domaine public aux nécessiteux.

Le domaine public était donc le fonds de cette assistance. Il s'était formé et accru par la conquête, les confiscations, les traités, quelquefois par le testament du souve-

1. Thèse présentée à l'Université de Strasbourg en 1670 : Montesquieu, L. 17.
2. Giraud, *Rech. sur le Droit de Pr.*, 175. — Benech, *Revue de Législ.*, 1851.
Macé, *Les lois agraires.*

rain ou un escamotage arbitral peu scrupuleux (1). Hormis la dotation royale et celle du culte, l'État pouvait disposer du reste. L'extension considérable du domaine aurait suffi à neutraliser les conséquences de la dépossession des petits propriétaires si l'État avait eu l'idée politique et généreuse d'en réserver l'exploitation aux prolétaires. Malheureusement la cupidité des nobles envahissait les terres publiques au fur et à mesure de leur annexion.

Pour comprendre commment s'accomplissaient les usurpations et apprécier le mérite des griefs populaires, il faut décrire brièvement les procédés d'exploitation de l'*ager publicus*. « En subjuguant une partie de l'Italie par les armes, les Romains étaient dans l'usage de s'approprier une partie du territoire du peuple vaincu. On en réservait une portion qui, si elle se trouvait en valeur, était distribuée (*ager divisus et assignatus*), vendue (*ager quæstorius*), ou donnée à ferme (*ager vectigalis*). La portion qui était inculte ou ravagée on la mettait aux enchères, et se chargeait de l'exploiter qui voulait moyennant une redevance annuelle en fruits de un dixième pour les terres ensemencées, un cinquième pour les plantations (*agri occupatorii*). Quant à celles qui n'étaient propres qu'à la pâture, les particuliers étaient libres d'y conduire leurs troupeaux et de les faire paître sur ces terres vagues (*æstivi et hiberni saltus*), moyennant une redevance (*scriptura*) due par chaque tête de gros et de menu bétail. « Ces réserves de champs communs, ajoute Appien,
« avaient pour but de multiplier la population des citoyens
« épars en Italie; c'est le contraire qui arriva. Les riches
« accaparèrent la plus grande partie des terres incultes,

1. Cic. *De Rep.* V Tit.-Liv. III, 72.

« et à la longue, ils se regardèrent comme propriétaires in-
« commutables. »

L'occupation tolérée du domaine public n'avait lieu
que sous réserve du droit de révocation qui appartenait
à l'État en sa qualité de propriétaire. Le domaine, dit
M. Giraud, « était indisponible, inaliénable, imprescrip-
« tible, une partie de terres fut exclue de l'appropriation
« privée... La propriété en était inaliénable, mais la pos-
« session pouvait en être tolérée à perpétuité et par
« conséquent à titre héréditaire (1). » Il semble donc que
les usurpations fussent impossibles. L'appropriation paraît
même d'autant plus difficile que *l'ager publicus* était
soigneusement arpenté et cadastré par des prêtres prati-
ciens nommés « *agrimensores*. » Mais un long usage fit
oublier aux détenteurs le titre de la concession primitive ;
et comme la partie inculte du domaine n'était pas limitée,
les propriétaires voisins s'arrondirent à ses dépens.
Comment après cela constater les empiètements ; c'était
fort difficile. Sans doute des bornes étaient plantées sur les
frontières du côté de l'ennemi ; mais aucune limite ne
séparait ces communaux incultes des propriétés privées
avec lesquelles ils confinaient ou s'entremêlaient. Ils ne s'en
distinguaient donc que par l'absence de culture et leur
aspect de désolation ; mais l'usurpation les transformait
en terres arables, prés, etc., de sorte qu'il n'était plus
possible à la fin de savoir si et en quelle mesure ils
avaient appartenu jadis à *l'ager publicus*. L'État voyait
bien que le domaine s'était rétréci, mais comme sa conte-
nance primitive était seule connue, il s'exposait en vou-
lant le rétablir dans son intégrité, d'un côté, à respecter
des usurpations consommées, de l'autre, à contester aux

---

1. Giraud. *Histoire du Droit de prop. chez les Rom.*

propriétaires des terres légalement acquises, mais dont les titres pouvaient être égarés ou perdus.

Cette situation explique en partie les résistances énergiques que la noblesse opposa toujours aux projets de lois agraires.

§ I. — *Lois agraires depuis la royauté jusqu'à Tibérius Gracchus.*

Les premières distributions de terres remontent à la période royale. Numa distribua aux plébéiens les terres conquises par Romulus (1). Tullus Hostilius fait deux parts de *l'ager*, une pour lui, l'autre pour le peuple. Ancus Martius opère une distribution de même nature. Tarquin fonde la colonie de Collatia (Denys. III, 50). L'usage était alors d'attribuer à chacun (*bina jugera*) 2 jugères de sol = 50 ares. Servius Tullius fait entrer les riches plébéiens en partage du pouvoir avec l'aristocratie nobiliaire par sa répartition du peuple en classes graduées par la fortune, opération qui eut, entre autres conséquences, celle d'alléger pour les prolétaires le fardeau des impôts. Il distribue sept jugères à chaque citoyen, nombre désormais observé dans les assignations suivantes. Cette distribution fut précédée du nettoyage de *l'ager publicus*, envahi par les grands et de la révocation des concessions anciennes; mesures qui valurent à ce prince la haine des nobles. Quant à son successeur, Tarquin, il excéda le peuple par des corvées de constructions, les grands par ses violences; une ligue du peuple et des grands le chassa de Rome et abolit le pouvoir Royal.

1. Cic. *De Rep.* 11, 18. Tite-Liv. I, 33.

En somme, la Royauté ne négligea pas le devoir de l'assistance. La nécessité s'en faisait déjà sentir. Car la révolution qui mit les clients en liberté ne leur avait pas, comme la réforme de Solon, conféré de droits sur le patrimoine de la « *Gens*. » A Rome, les clients s'affranchirent sans retenir avec eux aucune parcelle du domaine de la grande famille agricole, à l'ombre de laquelle la sécurité de la vie matérielle compensait la sujétion. Aussi la liberté pour eux équivalait presque à la misère. Il paraît même que le droit de posséder *l'ager vectigalis* fut réservé aux patriciens, en sorte qu'il ne restait à la plèbe d'autres ressources que la dépaissance communale qui leur échappait aussi par la concurrence des nobles. L'assistance par allocations de terres était donc une nécessité.

La Révolution qui constitua la République aristocratique ne fut pas favorable aux pauvres. Pour prix de leur coopération, on leur laissa piller les meubles des Tarquins; peut-être aussi quelques parcelles de sol par eux occupées devinrent leur propriété (1). (Cic. De lege, agr. II, 31). Mais les distributions de terres furent suspendues pour longtemps, bien que les causes du paupérisme n'aient fait que s'accroître par l'introduction de l'esclavage. Les impôts réguliers ou arbitraires, le service militaire, les violences des grands contre les champs des petits, des usuriers contre les débiteurs, tous ces maux conjurés finirent par pousser la plèbe à un acte de désespoir. Elle s'exila en masse de la ville; mais le Sénat effrayé de cette désertion, la rappela, et consentit à lui donner des chefs. Le tribunat fut la première garantie de sa liberté. Bientôt, discipliné sous la conduite de ses tribuns, le peuple va protester

1. Cic. *De leg. agr.* II, 31.

contre la guerre et les tributs par l'insubordination légale, le refus de service militaire, et entamer la lutte qui
devait le conduire à l'égalité civile.

Devant l'allure de plus en plus entreprenante de la
plèbe, un patricien prévoyant la déchéance de son parti,
eut la pensée de sauver ses prérogatives politiques par un
grand acte de bienfaisance. Spurius Cassius, consul pour
la quatrième fois, proposa en 386 une loi agraire (1).

On sait qu'une grande partie du domaine public était
l'objet de concessions à précaire moyennant un loyer
pour les *agri vectigales*, une dîme pour les autres. Les
patriciens seuls avaient profité des concessions hérédi-
taires (mais révocables) et du bénéfice des locations.
Quant aux biens communaux non délimités, la noblesse
en avait accaparé la plus grande partie : double abus
autorisé par l'usage ou le droit du plus fort (2). Spurius
voulait que le domaine de l'État fût l'objet d'une véri-
fication et d'un arpentage général ; qu'il fût limité et
mesuré, qu'une partie fût attribuée à la plèbe en pleine
propriété, une autre louée au profit du trésor, moyennant
une redevance ; il réclamait de plus la révocation des
concessions faites aux nobles et la revendication de toutes
les terres usurpées. « Il voulait en somme enlever au
« Sénat la faculté de disposer du domaine, et s'appuyant
« sur la masse des citoyens, il s'efforça de mettre un
« terme au système égoïste des occupations (3). »
Spurius désirait que les alliés fussent admis au partage
d'un sol qu'ils avaient aidé à conquérir ; la noblesse
exploita contre lui cet acte de justice. Elle flatta le

1. Stahl. *De Sp. Cass. lege agr.* Cologne, 1869.
2. T. II, 41. Denys.
3. Mommsen, T. II.

peuple par la promesse d'une solde, calomnia Spurius en
l'accusant d'aspirer à la royauté. Des tribuns gagnés à
la résistance opposèrent leur intercession : le projet
échoua, et Spurius traduit en jugement fut exécuté.
« Il avait trop compté sur sa réputation personnelle et
« la sagesse de ses propositions. »

Quant à la solde, à la recherche des usurpateurs, à
la suppression des concessions territoriales et autres
promesses de la noblesse, il n'en fut plus question, on
ne parla plus du nettoyage de l'*ager*, et la guerre commença bientôt son œuvre de ruines. L'audace des patriciens s'était accrue de leur succès. On les vit, la même
année, frustrer le soldat du butin, dernière espérance sur
laquelle comptaient les débiteurs pour se libérer de leurs
chaînes, tout le peuple pour vivre. La plèbe cependant
prenait conscience de sa force, et bientôt l'agitation
agraire recommençait sous l'impulsion de ses besoins,
et la conduite de ses tribuns. L'exécution de Cassius
ne pouvait enterrer la question sociale dans son tombeau.

Avant d'analyser ces diverses tentatives, parfois heu-
reuses, je dois formuler une interrogation qui se pose à
propos de chaque rogation agraire.

Que valent les raisons alléguées par la noblesse pour
justifier son aveugle résistance à tous ces projets ? Était-
elle de bonne foi, quand elle repoussait la revendication
des terres publiques usurpées, en alléguant une espèce
de prescription, fruit d'une longue tolérance, qui aurait
effacé le vice de leur possession et affaibli les droits de
l'État sur le domaine imprescriptible ? Quant aux terres
indûment accaparées depuis la chute de la Royauté jusqu'à Spurius Cassius, on peut l'admettre ; pour la suite,
il m'est impossible de l'accorder. La prescription de ces

terres, successivement ajoutées au domaine, fut presque chaque année interrompue par les protestations de la p(lèbe) et les motions agraires. La noblesse se flattait d'être assez forte pour les faire éternellement avorter. Mais elle ne pouvait se plaindre de n'avoir point été avertie. Depuis Spurius Cassius jusqu'aux décemvirs, j'ai compté plus de dix motions agraires dans Tite-Live, sans parler de celles que notre auteur sous-entend dans le mot vague de « séditions intestines. » Il ne faudrait pas croire, qu'elles tendissent uniquement au partage des nouvelles conquêtes, passant condamnation sur les usurpations anciennes ou récentes. Tite-Live qui n'est pas suspect d'indulgence pour la plèbe, est formel (1) : « On eût affaibli, dit-il, par le partage du territoire de Boles, tout désir d'une loi agraire qui devait *chasser* les patriciens des héritages *injustement usurpés.* » Si la question agraire semble s'assoupir pendant la lutte pour l'égalité civile, on peut être sûr que c'est, au contraire, la même campagne qui se poursuit, mais avec un changement de tactique. Le peuple qui n'aimait pas les coups de force, préféra s'introduire dans le sanctuaire des priviléges aristocratiques plutôt que de l'abattre, et s'efforça de mettre le consulat dans sa dépendance, pour l'empêcher de s'opposer obstinément à la réforme. Le consul avait toujours quelques corbeaux complaisants et quelques poulets apprivoisés pour dissoudre, au nom de la religion et des augures, l'assemblée du peuple et différer un vote suspect. C'était, qu'on me passe l'expression, la ficelle quotidienne. Aux jours de surexcitation, il avait pour apaiser les réclamations, la guerre et les intelligences avec l'ennemi. Il est curieux de voir

1. T.-Liv. II, 61. III, 1. IV; 48, 61.

avec quelle opportunité, arrivaient « comme à point nommé », les incursions hostiles. Il fallait morigéner cette puissance consulaire. Un tribun fit carrément la proposition de lui fixer des limites (1). En attendant, on l'intimidait par des accusations contre le magistrat sorti de charge (2), par le refus du service militaire, etc. Tous ces faits sont les incidents d'une lutte continue, dont le mobile est, pour la plèbe, le désir de s'affranchir de la misère, en resaisissant le sol dont on l'a dépouillée, lutte pour l'existence plutôt que pour l'égalité civile, qui devait être moins le but de son ambition que le moyen de résoudre la question sociale. Les patriciens ne s'y méprenaient pas ; et l'éventualité d'une révocation était toujours présente et menaçante à des yeux moins obscurcis.

Sans insister davantage, je signale les propositions de partage. En 484, celle de Spurius Licinius, l'année suivante, celle de Pontificius. Fabius, à son tour, patricien et consul, l'accusateur de Spurius Cassius, présente une motion agraire, et n'obtient, par transaction, que la fondation d'une colonie à Antium ; établissement tout-à-fait insuffisant pour soulager la misère et qui ne séduisit qu'un petit nombre de plébéiens (447). En revanche, la famille Fabia, en butte à l'animosité de sa caste, est forcée de s'exiler, et périt bientôt après tout entière dans une embuscade ennemie. En 474, Cominius et Genucius, tribuns du peuple, renouvellent la motion (T. Liv. III, 54). Elle reparaît en 473 (T. Liv. III, 61). En 472 (T. L. 63). En 471 (T. Liv. IV, 1), cette fois, appuyée par un consul. Puis la lutte pour la conquête des charges

1. T.-Liv. III, 9. II, 61. III, 31, etc.
2. II, 24 et *passim.*

publiques et la limitation du pouvoir consulaire commence. Une transaction des partis amène la nomination des décemvirs, l'abolition du tribunat, au prix duquel la plèbe acheta la concession d'un droit commun, mais qu'une sédition lui restitua bientôt après. En 454, avait eu lieu le partage du mont Aventin, en vertu d'une loi, qui fut formellement exceptée de la suppression en masse de toutes les lois antérieures.

Peu après, les troubles recommencent et ramènent les motions agraires avec le tribun Pœtelius. La misère du peuple était excessive. Une famine terrible vint encore l'aggraver. On vit, dit Tite-Live, une foule de plébéiens ayant perdu tout espoir, plutôt que de passer leur vie dans les tourments, se voiler la tête et se précipiter dans le Tibre. Ici se place la déplorable histoire de Spurius Mœlius, riche marchand de grain qui fut assassiné par un patricien pour avoir voulu nourrir le peuple. Dans cette détresse la plèbe ne cessait de réclamer une distribution de terres sentant bien que là seulement était le vrai remède à ses maux (1). L'intensité de la crise est extrême. Mœcilius et Metilius, tribuns du peuple, émettent une proposition pour la répartition égale et par tête des terres prises sur l'ennemi ; et, comme par suite de ce plébiscite, les biens des nobles eussent été déclarés biens de l'État, la guerre civile devint imminente entre le peuple et les patriciens (T. Liv. III, 48). Un peu plus tard, nouvelles rogations (III, 49-50). Le moment eût été bien choisi, dit Tite-Live « après avoir frappé les sé-
« ditions, pour calmer les esprits par le partage du ter-
« ritoire de Bôles, on eût affaibli par là tout désir d'une
« loi agraire qui devait chasser les patriciens des terres

1. T.-Liv. IV, 36, 43, 44.

« publiques injustement usurpées. Le peuple était alors
« vivement préoccupé de cette indignité avec laquelle la
« noblesse s'acharnait à retenir les terres qu'elle occupait
« de force, et surtout de partager avec lui les mêmes
« terrains vagues pris naguère sur l'ennemi, et qui de-
« viendraient bientôt la proie de quelques patriciens. »
N'oublions pas l'expression saisissante de griefs trop bien
fondés.

Après quelques nouvelles et infructueuses tentatives
(V. 2, 12), le sénat décide l'établissement d'une colonie
chez les Volsques, pour trois mille citoyens, et des
triumvirs créés à cet effet distribuèrent à chacun, par
tête, trois jugères sept douzièmes de terrain (environ
90 ares). Mais le peuple préférait émigrer en masse à Véies,
riche cité qui venait d'être prise; et il fallut l'indomp-
table résistance du consul de Camille pour l'en détourner.
T.-Liv. (V. 24). Cependant une partie de son territoire
fut partagée individuellement aux plébéiens, en vertu d'un
sénatus-consulte qui ne tenait pas seulement compte des
pères de famille, mais des têtes libres de chaque maison.
On pensa que l'espoir d'un héritage encouragerait dans
l'avenir l'accroissement de la famille. C'est à ma connaissance, le premier exemple des nombreuses mesures
favorables à la fécondité des mariages, qui se résument
sous Auguste, dans le système complet des lois Julia et
Papia Poppœa.

Cet allégement était bien insuffisant pour une détresse
aussi grande. L'invasion gauloise la rendit plus dure
encore. On s'attend bien à voir reparaître les motions
agraires au sortir de cette tourmente. Elles ne tardent
guère en effet. Le tribun Licinius reprend le thème
éternel devant une plèbe exaspérée par les exactions du

fisc et les violences des créanciers (T.-Live VI, 6, 11, 32, 34). La crise des dettes devient de plus en plus intense. Nous sommes au milieu de cette période de réaction où la noblesse essaye, par l'invention « abominable » du *nexum* d'asservir la plèbe en reconstituant les clientèles. Dans sa fureur, elle n'épargne pas même le sauveur du Capitole. Le patricien Manlius, coupable d'avoir pris en main la cause des débiteurs est précipité de la roche Tarpéienne. Cette histoire est lamentable. Le peuple ne pouvait espérer de soulagement qu'en plaçant les siens à la tête du pouvoir. L'alliance de l'aristocratie plébéienne et du peuple conduisit ce double et heureux résultat. Le tribun Licinius obtint, quoique plébéien, le consultat, et sa persévérance autant que son habileté fit aboutir le projet d'une réforme qui, bien qu'incomplète, rendit à la plèbe l'espérance, et à Rome sa vigueur.

J'ai cru devoir insister sur les débuts de la question sociale à Rome, afin de produire les éléments nécessaires pour apprécier la part de responsabilité qu'il convient de faire à chaque parti dans les dissentions de la ville. Il est impossible, au reste, de séparer dans le récit, l'assistance des causes qui l'ont rendue nécessaire. On voit donc que la violence ne fut pas toujours du côté de la multitude ; on voit aussi se développer les premières conséquences de cette solidarité historique qui fait subir aux générations les plus éloignées la peine des fautes commises par un peuple au début même de ses origines nationales.

La Grande-Bretagne et surtout l'Irlande contemporaine est un exemple frappant de ce phénomène. Là aussi la terre fut enlevée à ses détenteurs, il y a cinq siècles ; mais par le droit de la conquête ; le sol partagé aux vainqueurs

et les hal... ... insensiblement réduits à la condition de
tenanciers. Le ...... manuel qui manquait aux Romains,
les préserva longtemps des extrémités de la misère
jusqu'au jour où l'accroissement prodigieux de la population, la transformation des terres en pâturages, les
vices de la loi qui, par le régime des substitutions,
s'oppose aux progrès de la culture ont été causes que le
travail et le pain manquèrent à l'Irlandais. A cette
misère une double intervention a parfois remédié ; l'une
naturelle et terrible, la famine (celle de 1847 en a tué
plus d'un tiers) ; l'autre officielle, l'encouragement à
l'émigration. Mais, comme dit M. Gladstone, « quand on
« dit à des habitants attachés à leur patrie, qu'on ne
« peut leur garantir la possession de leurs fermes et
« l'exercice de leur industrie, c'est un exil ; et ce n'est
« pas ainsi qu'on obtient l'affection du peuple. » Depuis
ces dernières années la question agraire est plus brûlante
que jamais. Les petits fermiers veulent obtenir le droit
de conserver les biens qu'ils occupent pour un temps
indéfini, à un prix fixé par arbitre. « Ce n'est rien
« moins, suivant M. de Laveleye, que le droit de propriété
« qui est en question (1). » Il faut que cette situation
soit bien grave pour avoir arraché à un économiste aussi
fervent que M. Stuart-Mill ces graves paroles dans un
des derniers discours de ce vigoureux esprit qui est
comme « son testament politique et social. » L'heure
est venue pour l'État de réformer les abus de la propriété
foncière et de l'adapter mieux aux besoins de la communauté..... Nous protestons avec indignation contre les
nouveaux actes du Parlement partageant les communaux

1. De Laveleye. *Revue des Deux-Mondes*, 1872.
V° *Revue des Économistes*, la question terrienne. Fév. 1876.

des campagnes entre les propriétaires voisins. Au lieu de donner la terre aux riches et une misérable pitance de compensation aux pauvres, nous demandons que les terres soient réservées aux pauvres et la compensation aux riches..... Il y a des cas où les choses doivent être appelées par leur nom et j'avoue que je ne puis appeler la pratique actuelle de partager les communaux entre les propriétaires d'un nom plus modéré que celui de vol; de vol fait aux pauvres (1) ! » La question sociale se présente chez ce peuple dans la même forme qu'au temps de la République romaine; et avec les mêmes dangers pour le repos public. Félicitons-nous d'y avoir échappé depuis que notre première Révolution a libéré de ses entraves la terre française qui est morcelée aux mains de plus de six millions de détenteurs.

Lois liciniennes (387). — La conquête du consulat par la plèbe et la promulgation des lois liciniennes ne sont pas, comme le croit sérieusement Tite-Live, le résultat d'un caprice de vanité féminine. Le peuple sentait assez ses besoins pour n'avoir pas à les apprendre de l'inspiration de Fabia, qui eut seulement le mérite de saisir l'occasion pour pousser son mari à la fortune. Licinius Stolo et Sextius se firent nommer tribuns du peuple, et présentèrent de concert un projet de loi qui visait à procurer à la plèbe la terre et la puissance politique. Plusieurs rogations connexes, étayées l'une sur l'autre, furent présentées ; la première pour soulager la misère actuelle en diminuant les dettes (nous en parlerons plus loin); la deuxième proposait de limiter les « *possessiones* » à 500 jugera (env. 125 hectares); la troisième

1. Odysse Barrot. *Hist. de la litt. contemp. en Anglet.* 363 et suiv.

supprimait les tribuns militaires et les remplaçait par les consuls, dont l'un devait toujours être pris parmi le peuple. Une dispositio portait que nul ne pourrait envoyer sur l'*ager publicus* plus de 100 têtes de gros bétail et 500 de menu ; une autre, l'obligation pour les possesseurs d'employer un nombre d'hommes libres proportionné au nombre des esclaves occupés dans leurs exploitations agricoles. Enfin, un serment et une amende sanctionnaient l'application de la loi (1).

Je ne puis insister sur les détails de la lutte qui suivit la motion de Licinius, on sait qu'après dix ans de résistances elle finit par être intégralement votée en 387.

Pour ne parler que de la réforme terrienne, on peut se demander : 1° à quelles terres s'appliquait la limitation fixée par la loi. Entendait-elle déterminer des bornes même à la propriété privée, ou bien, la respectant dans ses excès de concentration, voulait-elle simplement limiter l'étendue des terres publiques entre les mains des possesseurs ? 2° L'amende était-elle la seule sanction de la loi, ou bien devait-elle se cumuler avec la reprise de l'excédant des 500 jugera de terres publiques que la loi aurait accordé, à chaque possesseur le droit de retenir ? Les auteurs sont encore très-divisés sur cette double question. La discussion de ces difficultés m'éloignerait trop du sujet de l'assistance. Quant à moi, je crois avec la majorité des auteurs, que la rogation ne s'occupait pas de la propriété privée. Une atteinte à l'étendue de ce droit serait en contradiction complète avec le respect si religieux que les Romains ont toujours, avant et depuis, professé pour ce principe. Mais ma conviction et malgré l'opinion générale, est que le surplus des 500 jugères de

1. T.-L. VI, 35-42.

terres publiques devait être et fut retranché aux usurpateurs, et distribué à la plèbe indigente sans préjudice,
contre les usurpations futures, de reprises qui se cumu-
laient alors avec l'amende (1).

La promulgation fut certainement suivie d'une distribution de terres, j'en ai pour preuve la régénération
qui succéda aux lois liciniennes « et fit sortir de terre
cette nation de soldats à qui Rome dut l'empire du
monde (2). » Il est certain du reste que les édiles tinrent
la main à prévenir les empiétements sur le domaine (3).
La loi était encore appliquée 50 ans après sa promulgation, et resta en vigueur pendant près de deux siècles (4).
Mais le projet était incomplet, on y remarque quelques
« desiderata » qui annulèrent en partie les bienfaits
qu'elle avait fait espérer. Appien dit assez clairement
qu'on n'institua pas de commissaires spéciaux pour veiller
à son exécution. Les édiles furent chargés de ce soin ;
mais après la conquête de l'Italie la surveillance de
l'édilité fut insuffisante à cause de la dispersion et de
l'étendue des terres de l'*ager publicus*. Néanmoins la
prospérité de l'Italie en reçut une vigoureuse impulsion.
La fable du géant Anthée s'applique bien au peuple de
Rome qui se relevait plus nerveux et plus redoutable dès
qu'il avait embrassé la terre. Les mariages plus fréquents, la plus-value du sol, l'ardeur de toutes les
classes tournées vers la culture, l'accroissement rapide
de la richesse publique au sein d'une longue paix
intérieure, tels furent les fruits de ce grand acte qui, en
rendant le sol et l'aisance à la plèbe, lui inspirait avec

1. Humbert. V° *Leges agrariæ. Dict. des antiq. Gr. et Rom.* 160.
2. Laboulaye (*op. cit.*).
3. Tite-Live X, 13, 23, 47.
4. Macé. *Lois agraires.*

B. 3

l'attachement pour la patrie, le courage de faire pour elle, dans les combats, d'héroïques offrandes de sa vie.

De nombreuses colonies complétèrent la réforme, et remplacèrent les lois agraires. L'Ombrie, l'Apulie, le Picénum, le Brutium reçurent une foule d'émigrants. En 338 on partage au peuple quelques terres du Latium (T.-Liv. VIII, 11). En 275, nouvelle distribution après le départ de Pyrrhus. Chaque prenant-part reçut 7 jugera (1 hect. 75 ares env.). Un bon citoyen selon Curius, pouvait s'en contenter (Pline IIre nat. XVIII, 5).

J'omets une opération financière curieuse par laquelle la République, faute d'argent, paya ses créanciers avec des terres ; et aussi une assignation faite en 201 aux soldats, de retour de Carthage, à raison de deux jugera par chaque année de service. C'est le premier exemple de ces assignations qui devinrent si fréquentes sous la République. Un sénatus-consulte de 172 (T.-Liv. XLII, 4) avait attribué aux citoyens romains dix jugera par tête et trois aux alliés latins. Dans l'intervalle, en 223, se place une loi agraire présentée par Flaminius qui la fit passer malgré les résistances du sénat. Il nous en reste peu de détails. M. Laboulaye a réhabilité la grande figure du glorieux vaincu de Trasimène qui s'éleva si haut par le courage, les aptitudes militaires, la clairvoyance et l'indépendance de l'esprit. Polybe l'accuse d'avoir excité les passions de la démocratie. « Il agissait au contraire « en politique éclairé quand il partageait aux citoyens les « terres du Picénum destinées à augmenter le patrimoine « déjà trop considérable des patriciens. Ce ne sont point « les lois agraires qui ont perdu la République, mais « l'avidité des riches, et leur résistance à des mesures « dont le plus grand défaut fut moins d'être injustes ou

« violentes que de venir malheureusement trop tard (1). »

§ 2. — Lois de Tibérius et Caïus Gracchus.

Nous arrivons à une des tentatives les plus sérieuses qui aient été faites pour améliorer la condition de la plèbe, arrêter le progrès de la misère et de la dépopulation de l'Italie. Les lois Liciniennes n'avaient fait que pallier le mal ; il aurait fallu, pour le guérir, qu'elles fussent plus précoces, plus radicales, et mieux obéies. Malheureusement, elles furent souvent éludées ; l'auteur même de la loi, Stolon, donna l'exemple (2). L'ambition de la noblesse patricienne ou plébéienne était avide de la richesse foncière, et hostile au travail libre, partout remplacé par le travail des esclaves dans les campagnes transformées en prairies, vignes ou plantations d'oliviers. Les anciens propriétaires colons, manœuvres de l'agriculture, chassés des champs où ils ne pouvaient plus vivre, affluaient à Rome avec leur indigence et leurs rancunes. Enfin la corruption des mœurs contractée dans les camps par l'habitude du pillage et de la vie joyeuse acheva de ruiner ceux qui détenaient encore quelques parcelles du sol. « Aussi la grande cité devait-elle finir par être un « peuple de nobles et de prolétaires s'efforçant de vivre « noblement, c'est-à-dire dans l'oisiveté aux dépens de « la richesse publique par l'annone, ou des Italiens qui « se disputaient leurs suffrages (3). »

Le but de Tibérius Gracchus était double : soulager la détresse de la plèbe, et procurer à Rome des soldats. « Il

1. Laboulaye. *Lois agraires. Revue de Lég.*, t. 26 et 27.
2. Tit.-Liv. VII, 16.
3 Humbert (*op. cit.*).

voulait, dit Appien, favoriser l'accroissement de la population libre sans lequel le recrutement de l'armée était impossible. Il se flattait de vaincre avec cet argument les résistances des nobles. Devant le peuple il était plus explicite:
« Les bêtes sauvages de l'Italie, disait-il, ont leur gîte
« et leur tannière où se reposer là où les hommes qui
« combattent et qui meurent pour elle n'ont que l'air et
« la lumière. Ils mentent, ces capitaines, qui, pour en-
« courager leurs soldats, leur rappellent qu'ils combattent
« pour les sépulcres de leurs aïeux, pour leurs autels et
« leurs temples. Il n'y a pas un de ces pauvres citoyens
« qui ait un autel et un tombeau, et c'est bien à tort
« qu'on appelle les maîtres du monde ceux qui n'ont pas
« un pouce de terre qui soit à eux (1). »

En 133, il essaya de remettre en vigueur les lois Liciniennes, non encore abrogées, par des dispositions empreintes du caractère le plus modéré et de l'esprit le plus
clairvoyant (2). Il fixe un maximum aux détenteurs du
domaine public : savoir 500 jugera plus 250 par chaque
enfant, jusqu'à 1,000 jugera au total. Le surplus doit
faire retour au domaine. Une indemnité est promise aux
individus dépossédés à raison des portions déguerpies, et
de la plus-value résultant des améliorations de cette part.
L'*ager* évacué par les usurpateurs sera partagé entre
les citoyens pauvres, en lots dont la dimension n'est pas
bien connue, et que des auteurs croient devoir fixer à
30 jugera = 7 hectares 1/2. Ces allocations ne confèrent
pas au bénéficiaire le droit de propriété; mais seulement
une jouissance inaliénable et perpétuelle, avec obligation de
cultiver les céréales, et de payer une redevance au profit

1. Appien, I, 9, 10, 11.
2. V^r Mommsen, T. 5.

du trésor. Un article ordonnait la nomination de trois commissaires (triumvirs) annuellement éligibles, ayant mission de faire l'enquête contre les usurpateurs, d'opérer le partage, entre les ayant-droit, des terres non exceptées par une disposition spéciale, et de juger souverainement les contestations et procès.

Cette précaution qui assurait l'exécution sérieuse de la loi eut le don d'irriter la noblesse qui se flattait d'éluder la loi nouvelle comme celle de Licinius (1). En somme le projet conciliait heureusement les intérêts de la noblesse, les droits de l'État et les besoins du peuple. La transformation des 500 jugera du domaine laissés aux possesseurs en propriété privée, l'indemnité pour la révocation du surplus devaient les satisfaire. Car enfin, « comme dit « M. Laboulaye, c'est le vol qui les avait enrichis, et « leur propriété gagnait en sécurité ce qu'elle perdait en « étendue. » Quant aux pauvres, l'interdiction de vendre assurait entre leurs mains l'intégrité de ce nouveau patrimoine contre leur prodigalité et contre la cupidité des capitalistes.

On sait qu'après de vifs débats et la déposition du tribun Octavius, la loi passa ; les commissaires furent élus : Tibérius, son frère Caïus, son beau-père Appius. Bientôt, comme Tibérius essayait de se faire conférer un second tribunat, et de gagner le peuple en proposant d'employer les trésors d'Attale aux premiers frais d'établissement, la noblesse l'accusa d'aspirer à la royauté, et une bande de patriciens l'assomma.

Lui mort, la loi survécut. La Commission complétée suivit son œuvre avec vigueur et promptitude ; elle dut pousser fort avant les opérations si on en juge par les

1. Appien, I.

résultats matériels de la loi. Il paraît qu'elle voulut comprendre dans les révocations les concessions précaires abandonnées par la République aux villes alliées. Scipion-Émilien, qu'elles invoquèrent, prit leur défense. Rome devait ménager ces précieux auxiliaires de ses conquêtes. Sur la proposition de Scipion, le contentieux des procès soulevés par les opérations fut enlevé aux triumvirs et remis aux consuls, dont l'inaction calculée força les commissaires de suspendre leurs travaux. La plèbe murmura, et le vainqueur de Carthage fut, un matin, trouvé mort dans son lit.

On est fondé à croire que les répartitions des commissaires avaient épuisé déjà presque tout l'ager disponible, et que la loi avait reçu toute l'exécution qu'en pouvait attendre son auteur (1). En 622 Popilius, consul, en grave la mention sur un monument qui nous est parvenu. « Le premier, dit-il, il a expulsé les bergers nomades des domaines, et installé les laboureurs à leur place. » Les écrits des « *rei agrariæ scriptores* » nous prouvent le grand développement de la réforme terrienne quand ils parlent de procédés d'arpentages et de limitations qui furent imaginés à cette époque ; et des « *limites Gracchanei* », qu'on rencontrait deux siècles après dans la campagne romaine. « Le langage le plus éloquent est « celui des listes civiques. Le cens publié en 131 n'avait « donné que 319.000 citoyens en état de porter les armes. « Six années plus tard, en 125, on voit celui-ci remonter « à 395.000 avec un boni de 76.000 citoyens Romains « par le seul et bie .`isant effet du travail des répartiteurs (2). »

1. Mommsen. T. V, p. 42 et suiv. Corp. I. L., n° 551.
2. Mommsen. T. V., p. 44.

Caius Gracchus, le plus habile et le plus éloquent citoyen du parti démocratique, entreprit de compléter l'œuvre de son frère. Elu tribun sa *lex frumentaria* lui gagna le peuple ; sa *lex judicaria* les chevaliers. Le sénat n'avait qu'à subir la toute-puissance de cet homme ; il n'en abusa pas, et se contenta de reproduire les propositions de son frère, sans exagérations ni violence. La loi de Tiberius était plutôt suspendue qu'abolie par le plébiscite qui avait ôté la juridiction aux triumvirs pour l'attribuer aux consuls. Il dut la rendre aux commissaires. C'était une satisfaction platonique donnée à la plèbe. Caius qui avait été triumvir ne pouvait se dissimuler les difficultés si nombreuses soulevées par l'enquête et les révocations. Il ne semble pas avoir poursuivi plus avant le nettoyage de l'*ager publicus*. De ce côté il restait peu de chose à faire (1). Mais ce qui est certain c'est qu'il réalisa par de nombreuses fondations de colonies, une large assistance envers le paupérisme. Plutarque, Velleius Paterculus en citent plusieurs (2). Cette colonisation s'opérait aux dépens du domaine primitivement affermé par l'État, et respecté par les précédentes motions agraires. Plutarque affirme que, grâce à lui, un grand nombre de villes détruites furent repeuplées. Il imagina aussi de pourvoir aux besoins des classes pauvres italiques par la colonisation transmaritime, et partit pour Carthage avec six mille colons. Grande conception « qui ouvrait par là « à toujours un canal de décharge au prolétariat de l'Italie. » Elle ne mériterait que des éloges si Caius n'avait en même temps enchaîné le pauvre à la Cité Romaine par sa

1. Mommsen, De Rozière, à son cours.
2. Plut. *In Grace.* VI et *parall.* d'*Argis et des Gr.* Ch. II. — Frontin, R. A. Scrip. Éd. Giraud, p. 43.

loi frumentaire. A quoi bon fournir au peuple la terre, cet instrument d'une vie laborieuse quand on lui procure en même temps les moyens de vivre dans l'oisiveté ? Par l'annone et les distributions de grains la colonisation du monde était compromise dans son germe.

§ 3. — *Réaction patricienne, loi Thoria.*

Caius mourut misérablement dans une émeute patricienne. A peine eut-il succombé que le Sénat commença la démolition systématique de son édifice législatif, pour ressusciter les abus dont la noblesse profitait. Elle respecta la plus mauvaise loi, celle sur l'annone ; elle n'osa toucher aux allotissements récents de la plèbe, mais frappa la réforme dans ses dispositions les plus essentielles et les plus prévoyantes (Appien, I, 27) (1). Une loi rouvrit à l'aristocratie la voie des accaparements territoriaux, en effaçant la prohibition d'aliéner, au grand contentement des possesseurs ; « on sacrifiait ainsi l'intérêt de l'avenir aux jouissances du présent (2). » Un autre plébiscite décida « qu'on ne ferait plus d'assignations, que « la terre serait à ceux qui la détenaient, qu'on l'impo- « serait au profit du peuple et que le produit en serait « partagé. Cette loi était un soulagement pour les pau- « vres, mais ne remédiait pas à l'affaiblissement de la « population libre. » Enfin le vectigal lui-même fut supprimé, et le peuple perdit à la fois les terres et l'argent qu'on lui avait promis (3). Il ne faut pas prendre au pied de la lettre l'opinion d'Appien, non plus que celle de

1. Appien. I, 27.
2. Laboulaye (*op. cit.*).
3. Appien (*loc. cit.*).

Cicéron sur ce plébiscite « *qui agram publicum vitiosa et inutili lege levavit.* » L'œuvre du tribun Thorius fut moins une restauration des priviléges de la noblesse qu'un essai d'apaisement, une tentative de transaction entre les partis. Il est plus vrai de dire qu'elle mit un terme à la réaction forcenée des patriciens, et la suite prouve qu'elle réussit assez bien à satisfaire les intérêts rivaux (1).

Je résume les dispositions de ce plébiscite avec le texte donné par M. Giraud, d'après la belle restitution de Rudorff (2).

Il remonte dans le passé au consulat de Mucius et de Scœvola, c'est-à-dire au tribunat de Tibérius Gracchus, abrogeant tacitement toutes les lois intermédiaires. Son caractère est celui d'une codification. Ce qui nous en reste se divise en trois parties, concernant : l'Italie, l'Afrique, Corinthe. Nous ne parlerons que de l'Italie.

Il commence par confirmer les possessions antérieures aux lois Semproniennes, dans la limite fixée par les dispositions précédentes; de même aussi, les répartitions faites, par les triumvirs nommés ensuite des lois des Gracques, si toutefois les détenteurs qu'elles ont dépouillés de l'excédant ont reçu une indemnité de révocation. Elle vise les colonies instituées au profit des citoyens latins, alliés, et les assignations enregistrées par les commissaires. Un article se réfère en bloc à toutes ces possessions, en transforme la nature, et leur attribue le caractère de propriété privée. « *Ager omnis qui suprà scriptus est... privatus esto...* ordonne qu'elles soient portées sur le registre du cens, et soumises au tribut, s'il y a lieu; défend à quiconque de réclamer, au sujet de ces terres devant le Sénat,

1. M. de Rozière, à son cours.
2. Giraud. *Rel agr. script.* P. 62.

et au Sénat de rendre aucune décision qui trouble la possession du détenteur ou l'enlève à son héritier. J'omets une allusion à un plébiscite de Drusus dont l'exécution n'est pas certaine (ch. II. princip.).

Voilà pour les portions de l'*ager* démembrées du domaine, et entrées dans le patrimoine des particuliers. Suit une série de dispositions concernant ce qui reste de l'*ager publicus*. Il en est une fort remarquable qui permet à chaque citoyen de prendre jusqu'à trente jugera de terres publiques, en respectant les possessions d'autrui, et de les garder en toute propriété (ch. III) « *quom quis* « *ceivis romanus agri colendi causa, in eum agrum* « *agri jugera non amplius XXX possidebit habebitve,* « *is ager privatus esto.* »

Le chapitre IV s'occupe des champs ouverts à la dépaissance ; il en règle l'usage, en limitant pour chaque citoyen le nombre de têtes de bétail qu'il y peut envoyer. Cette mesure, comme la précédente, renferme, pour la plèbe, un notable bienfait. Le maximum est de 100 têtes de gros bétail, et de 500 de menu. Dans ces limites, la dépaissance est absolument gratuite, exempte du *vectigal* « et de la *scriptura.* »

Le chapitre X défend l'occupation du reste de l'*ager*, et porte une peine de ...... II-S (taux inconnu) par chaque jugère usurpé. Cette amende est plus rationnelle que celle de la loi Licinienne, si tant est que cette dernière ne se cumulât pas avec la reprise des champs usurpés.

Il est spécifié (ch. XI) que le bord des routes est ouvert, sans redevance, à la commune dépaissance. Défense est faite, en ce cas, aux publicains, de rien exiger. La loi veille aussi à tranquilliser les alliés sur leurs concessions,

1. Zumpt. *Comm. Eplg. chap. sur les fond. des colonies.*

elle les confirme et leur assure une indemnité pour celles
dont on les a dépouillées pour la fondation de colonies italiques (ch. IX). La République était obligée de ménager
les auxiliaires de ses conquêtes.

Un article (ch. XII) par condescendance pour la noblesse, autorise l'échange des terres privées contre les terres publiques. Enfin, suivent quelques mesures à la juridiction.

On se rappelle les pouvoirs accordés aux triumvirs,
constitués juges de toutes les contestations relatives au
domaine. Cette innovation, introduite par Tibérius Gracchus, était une révolution qui donnait pour juges aux
détenteurs leurs propres adversaires. Cette compétence
appartenait actuellement aux consuls. Spurius Thorius ne
chercha pas à les en dépouiller. Cependant, il y avait une
distinction sérieuse à faire entre ces procès et les autres,
distinction consacrée par nos tribunaux administratifs.
En conséquence, la loi Thoria attribua la compétence aux
consuls et aux préteurs pour les difficultés relatives au
domaine. Quant à celles soulevées à l'occasion de la dîme
et des autres revenus de l'État, elle appartint aux cen-
seurs, et aux pro-préteurs dans les provinces (1).

En définitive, la loi Thoria ne fut point l'ouvrage d'un
réactionnaire aveugle. Il ne faut donc pas trop en croire
Appien. En beaucoup de points, sans doute, elle favorisa
les patriciens, mais elle fut bienfaisante pour le menu
peuple, en ce qu'elle arrêtait les usurpateurs, conférait à
chacun 30 jugera sur le domaine, et la faculté d'y mener
paître sans redevance un petit troupeau. « C'était, dit
« M. de Rozière, l'État qui faisait les frais de la réconci-
« liation des partis. Mais il y a des moments où les sa-

1. M. de Rozière.

« crifices ne sont pas à peser. La transaction avait pour
« but d'empêcher des catastrophes ; elle y réussit, et ces
« mesures ne furent pas remises en question (1). »

§ 4. — *De la loi Thoria à Rullus.*

Néanmoins la source de la misère n'était point tarie.
La dépossession des petits propriétaires facilitée par la
collation du droit d'aliéner le sol recommença, et les lois
agraires agitèrent plus d'une fois encore la cité. Le tribun
Philippe pouvait dire, peut-être avec quelque exagération, sous le deuxième consulat de Marius, que Rome ne
comptait pas plus de deux mille citoyens ayant un patrimoine ; preuve bien affligeante de la persistance des anciens abus (2).

On sait qu'il présenta une motion et la laissa échouer.
Vers l'an 100 Saturninus reprend les propositions des
Gracques. Il respectait les résultats de la loi Thoria, ne
touchait pas au sol Italique et réclamait la fondation des
colonies transmaritimes, et l'avance aux colons des sommes nécessaires pour les frais de première installation.
Le Sénat devait jurer fidélité à la loi pour effacer quelques
irrégularités de forme. Elle fut votée, mais resta lettre
morte ; son auteur paya sa tentative de la vie (3).

Drusus, à son tour, essayant de réconcilier l'aristocratie et le peuple vint proposer un projet de partage qui
devait, suppose-t-on, comprendre une distribution considérable de l'*ager publicus* et la fondation de colonies. Ces

1. De Rozière, à son cours du Collège de France.
2. Cicéron (*De off.* II, 21).
3. Appien. I. 29.
Cic. *Disc. de lege agraria.*

mesures bien qu'adoptées, n'eurent pas de suite. Drusus avait mécontenté tous les partis, sa bonne intention ni la gloire de sa famille ne le sauvèrent de l'assassinat.

Une loi Plautia de (89) contenait aussi quelque motion de partage, on n'en connaît pas les détails. Quant aux distributions de Sylla à ses amis et vétérans aux dépens de la spoliation de provinces entières, il n'est pas besoin de dire qu'elles n'ont aucun rapport avec l'assistance publique. Œuvre de ruine plutôt et de misère, ordonnée avec l'impitoyable conviction d'un sanguinaire puritain, et qui arrache à Virgile des accents de tristesse si émue... *Impius hæc tam culta novalia miles habebit, barbarus has segetes.*

Une vraie loi d'assistance fut celle proposée par le tribun Rullus, et que l'éloquence assez mal employée de Cicéron fit échouer.

§ 5. — *Projet de Rullus* (1) (64 avant J.-C.).

C'est dans les discours de Cicéron sur la loi agraire qu'il faut en chercher le texte, cité textuellement, par fragments épars. Je voudrais pouvoir les analyser, et montrer à la fois la puissance de sa parole insinuante et l'éloquence de sa mauvaise foi. Cela m'entraînerait trop loin, je dois me borner à un résumé sommaire. Le but de Rullus était non pas d'ouvrir vers les provinces éloignées un grand courant d'émigration, mais de soulager la plèbe en repeuplant l'Italie par de nombreuses fondations de colonies; et comme le sol libre manquait, il voulait que l'État, sans expropriation, sans contrainte, se le pro-

1. Cic. *Orationes de lege agraria, passim.* — Laboulaye (*op. cit.*).

curât à prix d'argent, en traitant de gré à gré avec les
propriétaires. Pour réaliser les sommes nécessaires à cette
grande entreprise il proposait de faire une opération qu'on
a généralement mal comprise et qui se résume en un emprunt hypothéqué sur la ferme des revenus, et l'aliéna-
tion, pour un certain temps, de la rente de toutes les
possessions provinciales. Des mesures étaient indiquées
pour faire rendre gorge aux généraux enrichis du butin
ou du fruit des exactions (1).

Il ne s'agissait donc pas, comme Cicéron feint de le
croire, de mettre à l'encan toute l'Italie avec ses temples,
ses forums, ses voies publiques ; encore moins d'entourer
Rome d'une ceinture de villes ennemies (2). Ces exagérations ne prouvent qu'une chose, la faiblesse de la cause, ou la crédulité du public. Quant à la nomination de
dix commissaires, investis de pleins pouvoirs, elle prêtait
le flanc à la critique ; mais cette espèce de mesure n'était
point nouvelle : elle accompagna la plupart des motions
agraires depuis celle de Tibérius.

Ne jugeons donc pas cette tentative par l'emphase de
Cicéron, et ses frayeurs de commande. M. Laboulaye voit
au contraire « une idée vraiment politique dans celle de
repeupler l'Italie en soulageant le paupérisme. » Le projet rappelait quelques-unes des plus sages inspirations
des lois antérieures. Les lots de terre devaient rester ina-
liénables, protégés de la sorte contre l'abus des propriétaires et les violences de leurs voisins puissants. Certes,
c'est un bien triste succès que remporte le grand orateur
contre ce généreux dessein. Il faut l'avouer en le voyant
lui-même, trois ans plus tard, prêter le secours de sa pa-

1. M. Laboulaye (op. cit.).
2. M. de Rozière.

role à une proposition, en tout point identique à celle de Rullus. Étonnante contradiction de ce génie inconsistant et mobile qui réduisit trop souvent l'intérêt public aux mesquines proportions de son égoïsme, et qui n'a pas même, en cette circonstance, l'excuse d'une conversion de bonne foi; comme le prouve sa lettre à Atticus où lui-même nous révèle le secret de cette palinodie (1).

§ 6. — *Projet de Flavius.*

Il défendit donc, pour plaire à Pompée et aux chevaliers, une loi présentée par Flavius, et par lui modifiée, qui, comme celle de Rullus, respectait les assignations syllaniennes ; confirmation dont il avait fait un crime à son adversaire, qui autorisait la vente des *nova vectigalia* pour acheter des terres en Italie à ceux qui voudraient les céder ; qui reconstituait le domaine public pour le peupler de colonies, composées moins de citoyens pauvres que des vétérans de Pompée (2). Son but en tout cela il nous l'a révélé : plaire au Sénat, au peuple, au général. « Il veut « *sentinam urbis exhauriri* » parole qu'il reprochait durement à Rullus. » Le projet de Cicéron ne fut pas voté (60 av. J.-C.).

§ 7. — *Loi de César.*

Un an plus tard, César s'inquiète à son tour de l'accroissement du paupérisme et fait accepter une loi agraire

1. Cic. A Atticus. I, 19.
2. Dion Cass. XXX, VII, 50 (*De leg. agr.* 11, 70). — Laboulaye. *Lois agr.* Cic. A Att. II, 1. — Mommsen. T. 8, 150.

connue sous le nom de *lex Julia campana* malgré l'opposition de ses collègues. Les sénateurs durent en jurer l'observation. Elle confirma toutes les possessions privées sans distinguer à quel titre les détenteurs les retenaient. Quant au domaine italien de la République demeuré aux mains des castes aristocratiques, il le fait réviser par une commission de vingt membres.

Il ordonne le partage de domaine y compris le territoire de Capoue jusque-là respecté, entre les pauvres citoyens, chefs de familles et pères de trois enfants. De plus, on devait, comme dans le projet de Rullus et de Flavius, acheter des terres en Italie, avec l'argent rapporté par Pompée et le revenu des terres asiatiques. Pour prévenir l'agiotage sur les ventes, le taux des terres à acquérir ne pouvait dépasser la valeur portée dans la déclaration faite par les propriétaires au dernier recensement (1) (Dion. C. XXXVII, 1). Enfin pour prévenir les aliénations précoces, une clause défendait aux bénéficiaires de vendre durant vingt années à partir de leur installation. Suétone évalue à 20,000 le nombre des pères de famille, qui profitèrent des distributions (2) (Suét. Cæsar. 20) ce qui suppose un chiffre total d'environ 100,000 personnes. — Cette réforme était excellente, sans doute, mais le paupérisme était trop enraciné en Italie pour être extirpé par une réforme agraire, quelque radicale qu'on la suppose. Quand, de nos jours, un homme tombe dans la misère, il peut espérer de remonter le chemin de la fortune. Son activité stimulée et secondée, un labeur opiniâtre lui reforment bientôt un petit capital. Il suffit à l'État d'une politique sage et point aventureuse, d'une bonne ges-

1. Dion Cassius, Ch. XXXVIII, 1,
2. Suét. *Cæsar.* 20.

tion des revenus publics, de bonnes lois favorables à
la protection du travail et au développement de l'industrie, pour arrêter les progrès du paupérisme. A Rome, la
misère, une fois subie, était inéluctable ; l'indigent, faute
de travail ne pouvait y échapper. Or, chaque fois que la
terre qu'il cultivait venait à lui manquer, c'en était fait à
jamais de son aisance, de son indépendance, de sa dignité.
Car il lui restait encore quelque chose à vendre, son serment devant les tribunaux, son suffrage dans les comices.
Il en faisait trafic pour vivre ou devenait pensionnaire de
l'État, qui le nourrissait en épuisant les provinces. Ainsi
le prolétariat ne pouvait que s'accroître de plus en plus.
Il n'y avait que deux moyens de le détruire, tous deux
impraticables : la suppression de l'esclavage ou l'éternelle
inaliénabilité du sol ; le second, compris et vainement
expérimenté par Tibérius Gracchus ; le premier qui ne
pouvait guère être réalisé par un acte législatif. C'est à
cette œuvre sainte et prévoyante que l'Empire eût dû
employer sa puissance. Il ne comprit pas la portée d'une
telle réforme et préféra faire vivre au jour le jour la multitude affamée. Nous verrons comment l'organisation de
l'annone y pourvut.

Depuis César, il n'y a plus de lois agraires d'assistance envers la plèbe. On rencontre encore des distributions de terres aux vétérans dans les colonies : elles devinrent le moyen pratique de récompenser leurs services, et
de leur procurer une retraite. « L'État rend à la patrie
« sous forme de classe agricole les prolétaires qu'il lui a
« enlevés sous forme de recrues (1) ». C'est là une assistance spéciale dont il sera question plus loin. Quant au

1. Velleius. II, 44, 4.
2. Mommsen. T. 8. 151.

B. 4

domaine qui restait en Italie, il disparut sous Domitien, qui accorda aux possesseurs le droit de s'approprier les *subcessiva*, et transforma en pleine propriété toutes les possessions (Suét. Dom. 9) Frontin LIV, 9) (87 § 4 D. XXXI).

SECTION II

DISTRIBUTIONS DE GRAINS. L'ANNONE

§ 1. — *Jusqu'à César.*

Tant que Rome vécut dans les conditions normales et rationnelles d'un bon régime agricole où l'extrême morcellement du sol fournit à chaque famille le moyen de se procurer par le travail le pain de chaque jour, la misère n'y fut ni grande, ni menaçante pour l'État. Il y eut cependant de bonne heure des prolétaires et des indigents. Les rois s'y intéressèrent. Outre les distributions de sol signalées sous les règnes de Numa, d'Ancus Martius et les colonies de Tarquin-le-Superbe (1), la tradition rapporte au roi Servius des distributions de grains à prix réduit. Ancus aurait partagé au peuple six mille *modius* de sel (2) : largesses intéressées. Les rois flattaient la multitude pour l'ameuter contre la noblesse qui bridait leur pouvoir.

1. Cicéron. *De Rep. (Passim).*
2. Pline. B. N. XXI, 24.

Bientôt le prolétariat misérable s'accrut de propriétaires dépossédés par la guerre et l'usure. En même temps se produisait l'accaparement du sol par les grands suivi de près par l'introduction de l'esclavage dans le Latium, et la conquête de l'égalité civile par la plèbe. La noblesse républicaine, en présence des réclamations populaires, préféra garder ses biens-fonds acquis par les spéculations usurières ou par l'usurpation, et lâcher ses prérogatives politiques. Le peuple souffrant allait faire argent des droits conquis. Le respect de la tradition et les vertus patriciennes assurèrent quelque temps les magistratures à la noblesse; plus tard, quand elle n'eut plus d'autre vertu que la richesse, elle acheta les suffrages de la foule.

Ses largesses corruptrices n'ont aucun rapport avec l'assistance; elles contribuèrent moins à soulager le peuple qu'à l'avilir.

L'État intervenait quelquefois. Les édiles distribuaient du pain aux mendiants au seuil du temple de Cérès dont les portes n'étaient jamais fermées (1). Une loi fort ancienne accordait une subvention aux indigents chargés de famille (2). La plupart des mesures prises à cette époque par l'autorité publique étaient l'effet d'une police prévoyante plutôt que d'une véritable assistance. Les édiles veillaient surtout à ce que le marché ne manquât pas d'approvisionnements et combattaient le renchérissement des denrées. C'étaient eux qui avaient la *cura annonœ*; à ce titre ils eurent la mission de faire amener à Rome des blés dans les temps de cherté; ils les distribuaient au-dessous du cours en mettant la perte tantôt à leur compte, tantôt à la charge du trésor. Parfois ils prenaient des me-

1. *Varo, in Nonius Marcellus.* Vº Pandere.
2. Tit.-Liv. V, 30.

sures assez mal inspirées contre les accapareurs. Elles ne faisaient qu'écarter les producteurs du marché, et aggravaient le danger des disettes, alors très-fréquentes (1). « Il fallut une année, dit Tite-Live, se contenter de régler les privations. On força les citoyens à déclarer le blé qu'ils avaient, à vendre le surplus de ce qui leur était nécessaire pour un mois, on diminua la ration des esclaves, on accusa et on livra à la fureur du peuple les marchands de grains, *et l'on n'obtint de ces mesures rigoureuses d'autres résultats que de constater le mal sans le soulager*. Un grand nombre de plébéiens ayant perdu tout espoir, plutôt que de traîner leur vie dans les tourments se voilèrent la tête et se précipitèrent dans le Tibre (2). Les édiles curules s'occupèrent aussi du transport des blés arrivant des provinces.

Toutes ces précautions n'arrêtaient pas les famines causées surtout par la guerre et les absences continuelles du Romain. Il fallait recourir aux distributions de grains à prix réduit. Elles commencèrent en 457 avant J.-C. avec Manius Curius, qui pendant son édilité donna le blé à un as le boisseau (3). En 411, Trébius le partage au même prix et le peuple reconnaissant lui dresse des statues (4). En 300, Fabius sauva Rome par les approvisionnements immenses qu'il fit, *in annonæ dispensatione, præparando ac convehendo frumento* (5). En 205 les édiles distribuent le blé à 4 as le boisseau dans chaque quartier de la ville (6). Deux ans plus tard on partage celui que

1. Tit.-Liv. IV, 2, 3. X, 11.
2. Tit.-Liv. — Tit.-Liv. X, II. XXX, 26. XXXIII, 42.
3. Patin, P. 166. Méd.
4. Pline, IIre N. XVIII, 3. Tit.-Liv. IV, 16. Pat. Méd. Pag. 179
5. Tit.-Liv. X, 11.
6. Tit.-Liv. XXX; 26.

Scipion venait d'expédier d'Afrique en abondance (1). En
201 le prix tomba à 2 as le boisseau par suite de grands
arrivages (2). En 197 Fulvius Nobilior et Flaminius en
donnent un million de boisseaux au prix de deux as.

Les grains n'étaient donc pas fournis gratuitement au
peuple, mais à un taux modéré. On les acheta d'abord à
l'étranger ; puis ils furent exigés des provinces conquises
sous la forme de tributs.

Quelquefois l'initiative privée intervenait efficacement,
mais au prix de quels dangers ! Les meilleures intentions
étaient calomniées par la noblesse qui redoutait la popularité des bienfaiteurs et ameutait la plèbe contre eux
en les accusant d'aspirer à la royauté. Le riche marchand
de grains Spurius Mœlius l'apprit à ses dépens. On lui fit
un crime de sa bienfaisance ; et un patricien Servilius
Ahala lui trancha la tête. Comme le peuple grondait, on
confisqua les réserves de ses greniers pour les distribuer
à un as le *modius*. Cette histoire est lamentable (3).

Parfois on chargeait un magistrat spécial, le *præfectus
annonæ*, de veiller aux approvisionnements de la ville (4).
Sa mission spéciale était les achats à faire à l'étranger.
Rome était forcée d'y recourir à cause du délaissement de
la culture italienne, surtout à partir du vᵉ siècle.

Ces distributions irrégulières et peu fréquentes ne pouvaient suffire aux besoins du peuple chaque jour accrus
avec les causes de la misère. Elles étaient entièrement facul-
tatives pour l'État qui en usait comme d'une mesure de
salut public pour prévenir quelque insurrection.

Mais à partir de Caïus Gracchus, l'annone changea de

1. Tit.-Liv. XXXI, 4.
2. Tit.-Liv. XXXI, 50. — Labatut. *Aliment. publ. chez les Rom.*
3. Tit.-Liv.
4. Tit.-Liv. II, 27.

nature et devint en vertu de sa *lex frumentaria* une dette
nationale (1). C'est cette loi (an 123) qui établit la première organisation de ce grand service qui ne devait cesser
qu'avec l'Empire Romain. Elle ordonna que désormais le
blé serait distribué au peuple à raison de 6 as un tiers le
modius, et chaque mois. On a contesté l'exactitude de ce
taux, et sur la foi d'un passage de Cicéron (Pro sextio 25,
48), on l'a réduit à 5/6° d'as, hypothèse inadmissible si
l'on songe aux réductions énormes qu'avait successivement
subies cette monnaie depuis le début de la seconde guerre
Punique, sous la pression des nécessités financières.

Il n'en résulta pas moins un notable soulagement pour
la multitude. La preuve en est qu'au temps de Cicéron, le
prix moyen du *modius* de blé était de 3 sesterces, 12 as
par boisseau (Mommsen, *die ræm. trib.*) (2).

On dut, néanmoins, ménager les réserves publiques de
blé. Chacun n'en recevait pas autant qu'il en désirait, mais
seulement un certain nombre de boisseaux qu'on peut
évaluer à cinq, d'après les lois postérieures. Encore bien
chaque ayant-droit représentait sa famille dont tous les
membres, enfants et femme, n'avaient droit qu'à une seule
ration.

La loi de Caïus ne s'adressait pas uniquement aux indigents. Riche ou pauvre, tout citoyen pouvait en réclamer
le bienfait. Mais, il fallait être citoyen ; seulement, cette
condition suffisait (3). Le consul Pison figurait lui-même
sur les listes. L'annone de Gracchus survécut à l'abroga-
tion de ses lois. Cette innovation fut vivement critiquée
par les contemporains. Caïus, selon Cicéron, en distri-

1. Appien. De B. C. I, 21.
'Cic. *Pro sextio*, 48. *De off.* II, 21. *Tuscul.* III, 20. Plut. *In Gracc.*
2. Mommsen. *Die Ræm. Trib.*
3. Cic. *Tusc.* III, 20, 48.

buant le blé sans mesure, épuisait le trésor de l'État » (1).
Il est permis de nous associer à cette critique, si l'on songe
qu'elle coïncidait avec une mesure bien plus sage qu'elle
allait nécessairement anéantir, pour ainsi dire dans son
germe, la colonisation italienne et transmaritime. Comment retenir loin de la ville, et sur la terre d'Afrique,
par l'appât de terres à cultiver, ceux qui peuvent trouver
à Rome un pain sûr et l'oisiveté ?

Vingt ans plus tard, Ap. Saturninus (100) essaya de
faire passer une loi, qui réduisait à 5/6 d'as le prix du
boisseau. « Cépion, le questeur, avertit le Sénat que le
« trésor public ne pouvait suffire à une aussi grande lar-
« gesse. Le Sénat décida que Saturninus serait accusé de
« prévarication s'il portait la loi dans l'assemblée du peu-
« ple. Comme il n'en portait pas moins à la tribune aux
« harangues la cassette qui renfermait cette loi, Cépion,
« fort du décret du Sénat, se met à la tête des partisans,
« arrête Saturninus, brise les ponts (où passait le votant
« pour aller porter son suffrage) et empêche que la loi ne
« soit lue dans l'assemblée » (2).

Une loi qui révoquait les *leges agrariœ* de Caïus venait
d'établir sur les terres publiques, consolidées entre les
mains des détenteurs, une rente qui devait être servie au
peuple, probablement sous forme de grains. Un tribun,
Borius, l'abolit, et le peuple perdit à la fois les terres et
l'argent (3). En 91, on signale une loi frumentaire de
Drusus qui était semblable au fond à celle de Saturninus,
et qui resta sans succès.

Le parti aristocratique fut bientôt contraint d'organiser

---

1. Cic. *De off.* II, 21.
2. *Ad Herenn.* I. 12; Liv. Epit. 71.
3. Appien. B. C.

l'annône sempronienne dans son propre intérêt. Le tribun
Octavius releva le prix des grains, ou diminua le nombre
des boisseaux (1).

Sylla la supprima complétement, *Populus Romanus*,
dit Lepidus (2), *exutus imperio, gloria, jure agitandi,
inops despectusque ne servilia quidem alimenta reliqua habet* (an 58).

La force croissante du parti populaire contraignit le sénat
de rétablir la loi de Sempronius. C'est ce qui fut fait par
la loi Cassia-Terentia que Cicéron mentionne en plusieurs
passages de ses discours sur les achats de grains en Sicile.
Il nous apprend aussi comment le trésor public se déchar-
geait de ce fardeau sur les provinces, et comment il se
procurait le blé par des tributs en nature et des réquisitions (3). En 57, une loi de Clodius rendit les distributions
gratuites au profit des indigents ; c'est du moins l'opinion
commune (4). « *Annonaria fuit summe popularis, ut
frumentum populo, quod antea semis æris ac trien-
tibus in singulos modios dabatur, gratis daretur* » (5).
Déjà Caton, en l'année 62, avait proposé d'admettre à
l'annone tous les indigents sans distinction d'origine, de
peur que la misère ne fît de cette foule la clientèle armée
de quelque audacieux agitateur. Ces craintes n'étaient pas
chimériques. « Il y avait longtemps déjà, dit M. Naudet,

---

1. Cic. *De off.* 11, 21. *In Brut.* 62, 222.
2. Salluste. *Disc. de Lépide.*
3. Verr. III, 70, X, 21. — Mommsen. *Rœm. Trib.* 179.
4. Hirchfeld. 6 à 8. — Walter. Gesch. 295. — Humbert. *Dict. des
ant. Gr. et Rom.* V° *Annona*, p. 275.
    Pompée, à qui la *cura annonæ* fut confiée par la loi Cornélia Cé-
cilia (en 57), voulut faire dresser la liste des individus admis aux
distributions. Il ne semble pas avoir donné suite à ce projet. Dion
C. XXXIX, 24. Hirchfeld. *Contrà.* Humbert. *Dict. des ant. Gr. et R.*
V° *Annona*, p. 275.
5. Asc. *In Pison.* 49. — Plut. *Cæsar.* 24.

« que les troubles excités pour la formation des tribus
« italiques avaient attiré dans Rome une multitude con-
« sidérable d'aventuriers. Les guerres sociales ne les en
« avaient pas chassés, et ils purent y rentrer après la paci-
« fication, à la faveur des entreprises séditieuses qui ne
« cessaient de tourmenter la République. Les ambitieux
« se servaient de cette multitude famélique comme d'un
« instrument pour leurs projets. Elle se composait de gens
« sans crainte comme sans biens, vivant au jour la
« journée, et mettant tout leur espoir dans les maux pu-
« blics. Ces hommes, sans pouvoir justifier de leur qualité
« de citoyens romains, pour réclamer leur part du secours
« frumentaire, se rendaient redoutables dans les émeutes
« et dans les assemblées tumultueuses » (1). La dépense
qui résulta de l'innovation de Caton est évaluée par Plutarque à 1,200 talents, environ sept millions de francs (2) ;
celle de Clodius ôta à la République près du cinquième
de ses revenus (3).

Quant au nombre des indigents secourus, il est malaisé
de l'évaluer. Un passage de Cicéron souvent cité, où l'o-
rateur reproche à Verrès d'avoir extorqué « *Agyrinen-
sibus* » trente-trois mille *modius* de blé pour les donner
à Apronius, époux honoraire de Tertia sa concubine
(*Tertiæ vir adumbratus*), ne permet pas avec précision
de fixer le contingent de l'indigence assistée. Cicéron dit
que ces 33,000 médimmes (198,000 *modius*) de blé
représentaient presque la nourriture du peuple romain
pendant un mois ; « *plebi romani prope menstrua ci-*

1. Naudet. *Ac. des Insc.* XIII, p. 17.
2. Plutarque. *Cato min.* XXVI.
3. Cic. *Pro sextio.* 26. — Mommsen (*Hist. Rom.* T. 8. p. 102)
évalue à 8,625,000 fr. la dépense de l'aumône après la réforme de
Caton. — V᷃ aussi Cic. *Ad att.* 2, 19. *Pro domo,* 10. Dion, 38, 13.

baria. Si ce chiffre était exact, il suffirait de le diviser par cinq modius, ration individuelle, pour obtenir le nombre approximatif, mais un peu faible, des indigents assistés.

On pourrait sur cette base d'appréciation le porter avec Contareni, Kuhn, etc., à 60,000 environ. Ces données sont très-acceptables. Il est vrai que le recensement de César, fait, en l'an 40, en trouva 320 mille; mais il ne faut pas oublier que dans le système de la loi Sempro-nienne, et des suivantes, chaque ayant-droit représentait une famille, comprenant chacune au moins cinq personnes, de sorte qu'en multipliant 60 mille par 5 on obtient 300 mille, nombre qui se rapproche sensiblement de celui du recensement Césarien. On peut mettre l'excédant au compte des guerres civiles qui, dans cet intervalle, désolèrent la péninsule. Je considère, du reste, comme à peu près certain, que la liste dressée par les ordres du dictateur contenait l'énumération individuelle de tous ceux qui soit comme chefs, soit comme membres de la famille, prenaient part aux distributions de blé (1). Ainsi l'accroissement du prolétariat pendant ces vingt-trois années n'est point aussi prodigieusement invraisemblable que le ferait croire la différence des deux nombres cités.

César lui-même, pendant son consulat, ne négligea pas de chauffer sa popularité aux dépens du trésor, en augmentant le nombre des assistés (2). Mais dès qu'il se fut assuré la dictature, il essaya de mettre un terme au gaspillage des deniers publics par une réforme importante de l'annone.

1. Suét. *Cœs.* XLI. *Lex Julia M.*, §.1. Texte rapporté : Mommsen: Trad. Alexandre. T. 8, *in fine*.
2. Plut. *Vie de César*. XVI.

§ II. — *L'annone depuis César.*

La possession du pouvoir fit du prétendant prodigue un partisan résolu des économies budgétaires. Au fond, l'intérêt personnel qui lui inspira deux conduites si différentes était le même. Une fois maître de l'État, il se vit contraint, pour se maintenir, d'en ménager les ressources. En homme clairvoyant et résolu, il comprit qu'il fallait profiter de la popularité actuelle de son nom, ou de la crainte qu'il inspirait pour procéder de suite à l'amputation des dépenses énormes occasionnées par le service de l'annone. Sa résolution fut bientôt prise. « Il procéda, dit « Suétone, au recensement du peuple, non dans le lieu « où on avait coutume de le faire, ni selon la méthode « reçue, mais par quartier et par les propriétaires de « maisons (*vicatim per dominos insularum*). Le nombre « de ceux qui recevaient du blé de la République fut « réduit de trois cent vingt mille à cent cinquante mille ; « et pour qu'à l'avenir le recensement ne pût faire naître « de nouveaux troubles, César ordonna que tous les ans, « le préteur tirerait au sort ceux qui n'auraient pas été « inscrits afin de remplacer ceux qui seraient morts (1) » *subsortitio a prœtore fieret.* Il compléta sa réforme en envoyant 80,000 citoyens dans les colonies d'outre-mer ; mesure excellente qui délivrait Rome d'un élément de sédition toujours redoutable, et consolidait la puissance romaine au-dehors (2).

1. Suét. *Cæsar.* XLI.
Plut. *César.* 10.
2. Vr Labatut. *L'alimentation publique chez les Rom.* P. 24 et suiv. Il exigea que ceux qui élevaient des bestiaux eussent parmi leurs bergers au moins un tiers d'hommes libres. Suét. *Cæs.* 42.

Ainsi le nombre des participants devait rester désormais fixe et invariable, mais après la mort de César la guerre civile empêcha d'observer ce réglement.

Quel fut le caractère de la réforme nouvelle? L'historien Mommsen, dans son langage toujours fatidique quand il parle du dictateur, y voit une transformation complète de l'assistance. « Le privilége politique créé « par les Gracques se changea, dit-il, en un secours au « paupérisme. Inauguré pour la première fois, un dogme « important entrait en scène et se faisait place dans « l'ordre moral et dans l'histoire.... La civilisation athé- « nienne avait émis cette maxime que la cité a le devoir « de prendre soin de ses pauvres, mais cette règle civique « n'avait pas dépassé les étroites limites de la société « athénienne: César en fait une institution organique ; « avant lui, elle était un fardeau pour l'État, et une « honte; par lui elle n'est plus qu'un de ces établisse- « ments de bienfaisance comme il s'en voit tant de nos « jours où la Charité infinie de l'homme lutte corps à « corps avec les misères infinies de l'humanité (1). »

Je ne demanderais pas mieux que de souscrire à ces éloges; mais je ne trouve dans les auteurs rien qui m'autorise à les lui décerner. Il ne décida pas, « qu'il serait pourvu par l'inscription des plus nécessiteux aux vacances ouvertes par la mort ou la sortie des titulaires », il ordonna, ce qui est bien différent, « qu'on tirerait au sort ceux qui n'auraient pas été inscrits pour remplacer ceux qui seraient morts (2) », or, ceux qui n'étaient pas inscrits comprenait tout le reste des citoyens, ou, si l'on veut, des plébéiens domiciliés dans la ville (Hircheld) (3).

1. Mommsen. *Hist. Rom.* T. 8. 105. Tr. Alexandre.
2. Suét. *Cœs.* 41.
3. *Philologus.* 6 à 8, 90, 95.

Nulle part on ne voit qu'on ait fait un choix des plus misérables pour les admettre à l'annone : le tirage au sort exclut l'idée d'un tel examen sans lequel cependant l'assistance n'est plus qu'une affaire de hasard et ne mérite pas le nom de bienfaisance publique. La réforme de César me paraît plutôt financière et politique qu'humanitaire.

Après lui, le nombre des participants augmenta beaucoup pendant les guerres civiles, par suite de fraudes et d'inscriptions de complaisance (1). Aussi Auguste fut, à l'exemple de César, obligé de le réduire, probablement entre ses douzième et treizième consulat. « J'ai, dit-il, « donné à ceux des plébéiens qui étaient alors inscrits, « pour les distributions publiques de blé soixante deniers « par tête, et le nombre de ceux qui participèrent à ce « don fut d'un peu plus de deux cent mille (2). » Nous ne savons pas si Auguste eut, comme César, l'intention d'arrêter à un chiffre déterminé le nombre des participants et de faire seulement remplir les places vacantes. L'inscription d'Ancyre mentionne de nombreuses libéralités faites par ce prince au peuple et aux soldats. Il fit participer même les enfants, bien qu'on n'inscrivît sur les registres de l'annone les jeunes gens qu'à partir de la onzième année (3). Ces largesses n'étaient pour la misère qu'un soulagement passager, et tout-à-fait insuffisant quand la disette venait à sévir, comme en l'an 759 = 5, dep. J.-C. (4) et le peuple se plaignait souvent.

---

1. Suétone aug. 42.
2. Inscr. d'Ancyre. XV, rapp. : Duruy. *Hist. rom.* T. III. P. 562. Traduct. de G. Perrot. — Dion Cassius. 55, 10. « Il conçut le projet, dit Suétone, d'abolir à jamais les distributions de grains, parce que se reposant sur elles, on négligeait l'agriculture, » mais il ne l'exécuta point. Suét. aug. 42.
3. V° cep. Orelli Henzen. 3358, 3359, 6003.
4. Dion, 55, 26.

Sous Tibère, le blé étant devenu très-cher, ce prince
fixa le prix de vente et accorda aux vendeurs un dédom-
magement de deux sesterces par boisseau (1). Plus tard,
une nouvelle cherté des grains faillit amener une sédition,
et pendant plusieurs jours, au théâtre, éclatèrent de violents murmures. Tibère irrité s'en prit aux magistrats et
aux sénateurs, qui ne savaient pas contenir cette intempérance populaire; puis il nomma les provinces d'où il
tirait des blés, et prouva que l'importation était beaucoup
plus considérable que sous Auguste (2). Il voulut aussi
que le Sénat réglementât le prix des denrées (3).

Sa plus grande préoccupation, disait-il lui-même, était
de mettre à la merci des vents et des flots la subsistance
du peuple romain. Assurer le vivre à la multitude n'était
pas un médiocre souci. Il y avait entre l'Empire et elle
comme un contrat tacite, par lequel elle acceptait la servitude en échange de l'aliment. « L'empereur fait ce que
« faisaient autrefois les magistrats; il achète au peuple
« sa liberté et ses suffrages, ou plutôt son silence; il le
« nourrit pour l'empêcher de crier, comme il lui donne
« des fêtes pour l'étourdir. Est-ce là soulager le pauvre,
« est-ce là faire le bien (4) ? »

Aussi, quand la famine menaçait, la foule éclatait en
imprécations contre son maître. Claude faillit périr dans
une émeute. « Les grains devenant plus chers après plusieurs années de stérilité, il fut un jour arrêté au milieu
du Forum par la foule qui l'accablait d'injures et lui jetait
des morceaux de pain, en sorte qu'il lui fut difficile de se

1. Tac. *Ann.* II, 87. — Duruy, T. III, II, R. — P. 429, 485.
2. Tacite. VI, 13.
3. Suét. Tib. 34.
4. Labatut. *loc. cit.*, p. 26,

sauver dans son palais par une porte dérobée. Depuis ce
temps, il ne négligea rien pour faire venir des vivres à
Rome, même en hiver, offrant aux négociants des bénéfices certains, et se chargeant des risques. Il fit aussi de
grands avantages aux constructeurs de navires pour le
commerce des grains (1). » Le Latin acquérait le droit de
cité, s'il avait construit un navire d'une capacité de
10.000 mesures au moins, et convoyé des grains à Rome
pendant 6 ans (2).

Sous Néron, les distributions de grains, affirme Dion
Cassius, furent supprimées à Rome (3), le trésor public
étant épuisé par ses prodigalités, au point que la paie des
vétérans dût être suspendue (4). Mais cette suppression
ne fut pas de longue durée.

Vespasien ne négligea pas le service de l'annone, malgré les embarras du trésor. « Un mécanicien promettait
de transporter à peu de frais au Capitole des colonnes immenses. Il paya le devis, mais ne le mit pas à exécution :
« Permettez-moi, lui dit-il, de nourrir le pauvre
peuple (5). »

Il ne paraît pas qu'on ait modifié ce service, ni augmenté la ration normale, sauf les distributions extraordi-
naires, jusqu'à Septime-Sévère, qui fit ajouter à l'annone
une ration d'huile. Titus s'était acquis la reconnaissance
du peuple par les soins qu'il y donna, comme le montre
cette inscription :

Imp. T. Cæsari Di. F. Vespasian. aug. plebs urbana quæ
frumentum publicum accipit et tribus... (6).

1. Suétone, Claude. 18, 19.
2. Ulpien. Fr. III, § 6.
3. Dion. 42, 18.
4. Suét. 33. *Nero.*
5. Suét. Vesp. 18.
6. C. I. L. 6786.

Alexandre-Sévère remplit les greniers de Rome, épuisés par Héliogabale et réorganisa l'annone (1). De jour en jour, l'Empire attachait plus d'importance et consacrait plus d'argent à la nourriture du peuple. Aurélien, dit M. Naudet, mit le comble aux profusions, en offrant des jouissances à sa sensualité. A son départ, pour une expédition, il promit au peuple des couronnes s'il était vainqueur. On croyait qu'elles seraient d'or ; il lui donna, ce qui valait mieux, des couronnes de pain. Mais non content de mettre « le calembourg en action », il ordonna des distributions de chair de porc, que ses successeurs continuèrent (2).

Il eut même l'idée d'y ajouter des rations de vin et l'eût fait sans son préfet du prétoire qui, consulté, lui répondit : Pourquoi pas des oies (3)?

Parfois les sources de ces largesses venaient à se tarir quand les Barbares envahissaient les provinces, dont les tributs alimentaient l'assistance de Rome. Interrompues avant Constantin, les distributions furent rétablies par Valentinien, qui, au lieu de 50 onces de pain grossier, donné à bas prix, accorda gratis 36 onces de pain blanc (4). Le privilège du peuple romain ne fut pas aboli, et Honorius se flattait encore d'entretenir au complet l'approvisionnement de Rome (5). Les faits ne répondaient probablement pas aux paroles. « Les conquérants barbares « enlevèrent les provinces et les moyens de continuer ces « libéralités. Le peuple dut payer son pain (6). » Bientôt la fondation de l'Empire Byzantin, l'érection de

1. Lamprid. Héliog. 21.
2. Code Th. De Suariis.
3. Vospisc. In aurel.
4. Code Th. XIV, T. 17, 1, 5.
5. C. Th. XIV, T. 15, 1. 3.
6. Naudet. op. cit.

Constantinople au rang de capitale firent déchoir complétement Rome avilie et dédaignée de son ancien
privilége.

§ III. — L'annone à Constantinople.

Le service de l'annone, transplanté à Constantinople,
y fut organisé deux ans après sa fondation (1), et sur le
modèle du service qui existait à Rome. Il n'y ressemblait
que par l'apparence. Le but en était tout différent. On fit
des distributions de grains une prime d'encouragement
aux constructeurs et aux propriétaires de maisons, afin
de hâter l'édification de la nouvelle ville, en sorte que
les secours frumentaires furent offerts et assurés à ceux
qui pouvaient s'en passer. *Ædes sequuntur annonæ.*
On y consacra d'abord 80,000 mesures, ou médimes de
blé (Naudet) (2). Il y avait de quoi nourrir environ 8000
personnes. Constantin les réduisit de moitié, dans un
moment de mauvaise humeur, mais Théodose accrut
l'annone de 125 mesures par jour (3) et Justinien la
conserva (4). Elle fut abolie par Héraclius en 616 (5).

Cette annone n'est donc pas un secours à l'indigence.
Les empereurs de Constantinople se préoccupèrent cependant de la soulager par des secours de diverses natures.
Une somme de 500 livres d'or portée plus tard à 611
livres fut employée à modérer le prix du pain. On y

1. Cette organisation est fort bien décrite dans le Mémoire si
lumineux de M. Naudet.
2. Godefroy dit : *modius*, ce qui ferait 6 fois moins; le médime
valant 6 *modius*.
3. C. Th. XIV, T. 16, l. 2.
4. C. XI, 24, l. 2.
5. Chron. d'Alex. P. 890, *Ed Radero*.

B.   5

pourvut également par des achats de grains qu'on livrait aux boulangers en leur imposant un maximum de prix de vente (1). Une loi d'Honorius et d'Arcadius fixe le prix de la livre de pain à un six-millième de sou d'or (2). On faisait aussi aux pauvres des distributions gratuites d'huile, ou de viande de porc (3). En définitive, les Empereurs semblent avoir veillé plutôt à l'approvisionnement de la ville qu'à l'assistance des malheureux. Jamais le service frumentaire ne fut l'objet d'un plus grand nombre de prescriptions.

ADMINISTRATION DE L'ANNONE.

En résumant l'histoire de ce service, nous avons donné çà et là quelques indications sur son organisation. Il nous reste à les rappeler et à les compléter.

§ 1. — Sous la République, l'assistance frumentaire n'intervient en réalité, jusqu'à la loi de Caïus Gracchus, que dans les temps de la famine. Alors l'État fait acheter des grains à l'étranger. Ce sont les édiles qui sont chargés de cette mission. Quelquefois elle est confiée à un fonctionnaire spécial appelé *præfectus annonæ* (4). On voit

1. C. Th. XIV, T. 16, l. 1, 3. T. 15, l. 1.
2. *Ibid.* T. 17, l. 22.
3. Les empereurs constituèrent également des rentes de vivres au profit des établissements ecclésiastiques de bienfaisance qui leur distribuaient des secours (C. loi, 12, l. T. 2).
4. Tit.-Liv. II, 27. IV, 12.

aussi les Romains exiger de bonne heure un subside en blé des peuples soumis (1). Il dut y avoir des greniers publics établis à Ostie et à Rome pour emmagasiner les grains. Les distributions n'étaient pas gratuites, mais à prix réduit. Le blé de Spurius Mélius, confisqué après son assassinat, fut donné à 1 as le boisseau (2). Nous manquons de renseignements précis sur la quantité de grain donnée à chaque répartition, sur la manière dont elle était faite, sur les individus qu'on y admettait. La ration individuelle devrait être fixée. Elle était peut-être alors de deux livres par jour, comme celle que Spurius donnait à tout venant (2 livres = 655 grammes (3) et, eu égard aux circonstances, tous les habitants, ou du moins tous les citoyens pouvaient la réclamer.

§ 2. — A partir de la loi frumentaire de Caïus Gracchus, l'assistance devient obligatoire, et le service des distributions de grains reçoit sa première organisation. Nous avons vu que les citoyens seuls, peut-être même les seuls plébéiens, avaient droit au secours (4). La ration était de cinq modius = (43 litres, 15 = en poids 30 kilos 515 gr.) par famille et par mois. Elle était à peine suffisante pour faire vivre deux personnes adultes. Caton compte en effet que chaque esclave adulte et soumis à un travail fort, consomme 51 boisseaux ou *modius* par an. Le prix de la mesure était de 6 as 1/3. C'étaient encore les édiles qui présidaient à ce service dont le trésor public payait les frais. L'État rejetait du reste ce fardeau sur les provinces. Il se procurait les grains par des lourds tributs en nature imposés à la

1. Tit.-Liv. II, 51.
2. Tit.-Liv. IV, 10.
3. Tit.-Liv. IV, 15.
4. Labatut. 28. — Naudet. *op. cit.*

Sicile et à la Sardaigne (1), *decumanum frumentum ;*
ou des réquisitions accompagnées d'une faible indemnité,
et déguisées sous le nom d'achats ; *emptum frumentum.*
Elles furent établies par la loi *Cassia Terentia,* en
vertu de laquelle le sénat pouvait, chaque année, décréter
la levée d'une seconde et même d'une troisième dîme
imperatum frumentum suivant les besoins du service
frumentaire. La seconde dîme ne pouvait être supérieure
à la première dîme ou tribut ordinaire. L'indemnité
pour celle-ci était de 3 sesterces par *modius,* et pour le
frumentum imperatum (3ᵉ dîme) de 4 sesterces (2).
Ces charges, fort lourdes par elles-mêmes, étaient rendues
intolérables par les violences et les rapines des proconsuls
qui, comme Verrès, percevaient ces tributs supplémen-
taires sans rien payer, ou en rognant sur les sommes
que le trésor mettait à leur disposition pour indemniser
les laboureurs (3). Ces grains devaient être transportés,
moyennant salaire ou réduction d'impôt, par les propriétaires, aux lieux que le préteur désignait, et réunis enfin
dans les ports d'exportation.

La province d'Afrique, après la chute de Carthage,
contribua aussi à l'approvisionnement de Rome. Les
grains amenés à Pouzzoles, où les particuliers louaient
fort cher des greniers, étaient conduits à Ostie, livrés au
questeur et transportés à Rome par des navires spéciaux
naves caudicariæ de la corporation des bateliers du
Tibre (4). Cette corporation était une des plus anciennes
et des plus respectées.

1. Cic. Verr. II, 2, 5. — Tit.-Liv. XXIII, 41. XXVI, 40.
2. Cicéron. Verr. act. II, XXI.
3. Eod § 165.
4. Cic. *De Finibus.* II, 26, 81. — Sénèque. *De Brevit vit.* 13. —
Humbert. *loc. cit.* Vᵒ *Annona.* Pag. 275.

La charge de cette administration devenait chaque jour plus lourde, par suite des lois qui abaissèrent ou supprimèrent le prix exigé d'abord des assistés. Elles attirèrent à Rome une foule de pauvres de tous les coins de l'Italie, et l'importance trop considérable du secours poussa beaucoup de maîtres à affranchir leurs esclaves pour en partager avec eux le profit (1).

§ 3. — Les édiles ne pouvaient plus suffire à une pareille tâche. Elle exigeait du reste des aptitudes spéciales et une application exclusive, incompatibles avec le renouvellement annuel de ces magistrats et la pluralité de leurs attributions. Il fut nécessaire de créer de nouveaux fonctionnaires ; on porta à six le nombre des édiles, deux d'entre eux furent institués spécialement pour diriger le service de l'annone. On les appela *œdiles ceriales*. Leur création est due à César, et date de l'an 44 avant J.-C. Ils devaient être choisis parmi les plébéiens (3).

Sous le dictateur et par ses ordres fut dressé le bilan de l'indigence assistée. On sait qu'il ordonna un recensement, où quiconque voulait avoir part aux distributions devait faire une déclaration (*professio*) devant le magistrat, préteur ou tribun du peuple. Les noms de tous ceux qui avaient accompli cette formalité, personnellement ou par leurs représentants, étaient portés sur des registres publics (4). Chaque tribu avait le sien où l'on inscrivait les noms de ceux qui étaient définitivement admis aux secours publics dans les limites de sa circonscription. Ce

1. Denys d'H. IV, 24.
2. Pomp. 2, § 32. D. *De orig. juris.* 1, 2. — Dion XLIII, 51. — Suét. César. 41.
3. *Lex Julia municipalis.* — Egger. *Lat. serm. reliq.* 200, 303, § 1.
4. *Eod. loc.*

registre devait être porté au lieu où se faisait la distribution, et affiché chaque fois la plus grande partie du
jour (1).

Tout ayant-droit recevait une petite tablette de bois
ou de métal *tessera frumentaria* sur laquelle était gravée
la quotité de la ration qu'il pouvait exiger. « On peut
la comparer aux bons de pain distribués à nos pauvres,
qui vont toucher des aliments en échange. C'était un
billet au porteur, qu'on pouvait négocier. Plus tard ces
tesseræ devinrent cessibles par testament (2). » Les
distributions gratuites n'avaient lieu qu'à Rome. « Si un
testateur a chargé son héritier d'acheter pour ses affranchis des *tesseræ*, quoique la plus grande partie de la
succession soit en province, le fidéicommis doit être
cependant payé à Rome parce qu'on voit que telle est
l'intention du testateur, par la nature des objets qu'il a
ordonné d'acheter (3). » L'ayant-droit se présentait au
jour fixe à la distribution, et, sur la production de sa
tessera, recevait une ration de grains; et, plus tard, de
sel, d'huile, de viande, quand Aurélien les eut mises en
usage, ou de pain, que le prince substitua au blé.

Les convocations étaient mensuelles. Auguste, pour ne
pas détourner le peuple de ses occupations, voulut les
réduire à une par mois, en donnant chaque fois triple
ration, mais la multitude se plaignit et on rétablit l'ancien
usage.

Sous ce prince, la direction du service de l'annone
passa des Édiles à un fonctionnaire spécial, et permanent.
Ainsi, la réforme de César fut complétée ; ce n'était pas

1. Dig. Loi 52. V, I. — Labatut. Page 32.
2. 87. XXXI, 2, D. et 35. XXXII, 1.
3. Code Th. *De ann. civ.*

sans besoin. Le nouvel agent, tiré de l'ordre équestre, perdit le nom de préteur qui rappelait trop le souvenir de la République, et reçut celui de « *Præfectus annonæ* (1). » Le premier de tous fut Turanius (2) qui, trente-quatre ans après remplissait les mêmes fonctions sous Claude. Sénèque (3) le représente comme un vieillard plein de verdeur et d'intelligence, et cite de lui cette curieuse anecdocte : quant à l'âge de 90 ans, il reçut de l'empereur congé de son emploi, désespéré, il se coucha sur un lit funèbre, et fit le mort, ayant fait venir sa famille et des pleureuses. Sa maison pleurait son repos comme elle eût fait son trépas. Il fallut le rendre à la peine pour terminer son deuil.

Hirchfeld compte quarante-huit préfets de l'annone depuis Turannius jusqu'à Paschasio (534). Une foule de textes et beaucoup d'inscriptions les mentionnent (4).

Vers le iii⁰ siècle on les décore du nom de *clarissimi* ou *spectabiles* (5). Sous leurs ordres étaient placés les édiles céréaux qui avaient encore un droit de surveillance sur les greniers, et de juridiction ; les *quatuorvirs*, qui présidaient au détail des distributions et furent plus tard remplacés par les *curatores* ; enfin tout le personnel de cette administration qui devenait chaque jour plus nombreuse et plus difficile à diriger. Pertinax avait été curateur, puis préfet de l'annone. J. Capitolinus nous apprend, sans s'expliquer davantage, que Marc-Aurèle fit beaucoup d'améliorations en matière d'alimentation publique. Il est impossible d'entrer dans le détail de toutes les innovations

1. Tac. I. 7, A.
2. Tac. I, 7.
3. Sénèque. *De Brev. vit.*
4. Hirchfeld. 14 et suiv.
5. C. Th. Loi 9. *De Suariis.* 24. *De suscept.*

qui furent faites dans le personnel dirigeant. Je renvoie à la « *notitia dignitatum* » et à l'étude si complète de M. Hirchfeld sur la distribution de grains (1).

Il est difficile d'indiquer le chiffre approximatif des modius employés aux distributions gratuites. En effet, les provisions tirées des provinces, comme tribut en nature dont le contigent nous est parfois connu, n'étaient pas exclusivement affectées au secours des indigents ; l'excédant était vendu à bas prix pour le compte de l'État, afin de peser sur les cours que l'Empire fixait parfois lui-même (2). C'est alors une *largitio* de l'État, et peut-être vendait-on une de ces cartes payées « *tesseræ frumentariæ* » donnant droit à tirer des magasins une certaine quantité de blé (3).

Nous savons que, sous Auguste, l'Égypte devait transporter à Rome 20 millions de modius de froment = 270 millions de livres qui suffisaient pour la consommation de la ville pendant quatre mois (4). La consommation totale exigeait donc 60 millions de modius, qui, à 60 modius par tête, supposent au moins 1 million d'hommes. Le seul tribut de l'Égypte dépassait les besoins du service frumentaire qui ne s'adressait qu'à 200 mille personnes.

Septime-Sévère laissa en mourant le contingent frumentaire de sept années (5), calculé à raison de 75 mille modius à dépenser par jour.

Ces réserves étaient conservées dans d'immenses greniers publics. Les empereurs en firent construire un grand

1. Hirchfeld. *Philologus*. T. 29.
2. Lamprid. *Comm.* 14.
3. Dion C. LV. — Suét. Oct. 12.
4. Josèphe, Bello Jud. 11, 16, 4.
5. Spartien (Sev. 23).

nombre que mentionnent les auteurs ou les inscriptions (1).
Horrea Galbiana, Nervæ, Aggripiana, etc...

Après avoir étudié les hautes fonctions de l'annone,
jetons, avant de terminer, un coup d'œil sur l'armée des
agents subalternes attachés au service des distributions de
vivres. Cette rapide excursion nous révèlera un des as-
pects les plus affligeants de la société romaine à partir du
III° siècle.

Nous verrons plus loin naître et se développer, dès les
premiers jours de Rome, surtout parmi les classes souffrantes, des sociétés ou colléges de petites gens, la plupart
ouvriers libres, dont le sort était fort misérable. Ils cher-
chaient dans ces associations aide et appui réciproque,
protection de leurs industries diverses contre les exigences
fiscales, respect de leurs personnes. D'abord tolérées,
puis persécutées et dissoutes, sauf quelques exceptions,
elles finirent enfin par être ouvertement protégées par
l'autorité impériale, qui leur accorda de nombreux priviléges, et s'efforça d'enrégimenter dans leurs cadres les
artisans libres. Ces faveurs n'étaient pas désintéressées.
Depuis que l'Empire avait pris le rôle d'agent d'affaire et
de pourvoyeur des besoins du peuple, qui s'en prenait à lui
de toutes les famines ou chertés des vivres, sa tâche était
devenue colossale. Au lieu d'abandonner au commerce l'importation des grains, denrées, etc., il crut nécessaire, pour
mieux assurer l'approvisionnement de Rome, de s'en charger lui-même ; et rencontra dans les sociétés de nauto-
niers, portefaix, etc., de précieux auxiliaires. Il recourut
à elles pour l'exécution de tous les grands services publics,
les combla d'abord de faveurs, et finit par les assu-

1. Orelli. 5004, 4092, 15.— Henzen. 7233.

jettir (1). Par exemple les « *navicularii* » obtinrent
l'exemption de toutes les charges publiques, sénatoriales,
municipales, plébéiennes pour eux-mêmes ; de corvées pour
leurs vaisseaux. Une protection spéciale leur était accor-
dée par la garantie de peines sévères contre les exactions
des agents du fisc et la prévarication des gouverneurs de
provinces (2). On leur décerna des titres de noblesse (loi
16). Un salaire de 6 0/0 des tributs transportés leur fut
assuré, et en sus, une indemnité d'un aureus par 1000
modius de grains (7, 37, 38, 7 bis).

En revanche, des dispositions rigoureuses les enchaî-
nèrent à leur corporation et à leur condition malgré
eux (3). Rien ne pouvait les en séparer, pas même la dignité sénatoriale. Leurs immeubles servaient de garantie à
l'État, ils étaient grevés d'une hypothèque éternelle.
Transmis par donation, par hérédité, ils apportaient à
l'acquéreur la contagion de leur propre servitude. Les
femmes même la subissaient (loi 13). La prescription de
cinquante ans, par un étranger, pouvait seule leur ôter ces
biens et les affranchir. Leur condition se contractait aussi
par mariage.

Quand Aurélien eut décidé qu'on donnerait du pain
cuit au lieu de grain, il fallut créer un service de meu-
niers-boulangers, « *Pistores* » dont le sort était encore
plus dur (4). Le recrutement de ce corps était fort difficile,

1. *De jure immunitatis.* D. Liv. L. T. VI, 5, § 3 et suiv.
2. C. Th. XIII. T. 5, 4, 5, 17, 20, 30.
3. *Eod.* T. V. 3, 11, 22, 35.
4. C. Th. Liv. XIV. T. 3. Pline, H. N. L. 18, C. 28, raconte qu'il
n'y eut pas de boulangers à Rome avant la guerre de Persée
(580 de R.). La fabrication du pain était l'ouvrage des femmes. Le
nom de *Pistores* fut d'abord donné à ceux qui pilaient le blé (*pise-
bant*). Godefroy rapporte à Trajan la création de la corporation des
Pistores. C. Th. *eod. loc.* sur la loi 1, Gruter, 255, 1, 2, 3.

à cause des travaux pénibles qu'ils subissaient. L'autorité ne recula devant aucun moyen pour remplir et maintenir
les cadres. Cette fonction était héréditaire (loi 14) de père
en fils, ou transmise par succession. Constantin et Valentinien (5, 9, *De Pœnis, C. Th.*), recommandèrent de
l'infliger en punition des légers délits. Certaines transmis-
sions de biens par substitution, donation, testament, la
communiquaient (5. *Hoc T. 3 — 2 De navic.*).

De même aussi le mariage ; enfin, abus incroyable, les
juges d'Afrique sous peine d'être assujettis à la Pistrina
« étaient contraints d'en expédier, après condamnation,
un certain nombre à Rome tous les cinq ans. » Tel était
le sort des employés de la manutention.

Il leur était commun avec tous les autres serviteurs de
l'État. Voilà les excès d'oppression où peuvent conduire
l'ignorance ou le mépris des lois éternelles du commerce,
et de l'économie politique.

Mettons un instant à l'ouvrage ces différents agents. Les
« *navicularii* allaient chercher les vivres dans les pro-
« vinces et les convoyaient en Italie. Ils déchargaient leur
cargaison au port d'Ostie (1), construit par Claude à l'em-
bouchure du Tibre (2). De là, une corporation de mariniers
les transportait dans le port de Rome «Navalia» situé au pied
du Mont-Aventin. On les nommait « *Caudicarii* ». Des
«*Saccarii*» ou porte-faix les portaient dans les greniers pu-
blics(3). Ils avaient comme nos forts de la Halle, le monopole des déchargements, même pour les marchandises
de particuliers. Puis les grains ou vivres étaient mesurés
par les « *mensores* » les bêtes sur pieds pesées par les

1. C. Th. *De pretio panis Ost.*
2. Suét., Claud. 20.
3. C. Th. *De sacc.*

« *Suarii* ». Une loi va jusqu'à ordonner de peser les porcs à jeun, de peur de déchet. Les grains étaient livrés aux *Pistores*, pour être moulus et transformés en pain (1).

Une comptabilité sévère et compliquée était établie pour prévenir les fraudes et détournements. Les préposés aux différents services devaient tous les ans rendre compte (2).

Toute cette organisation fonctionnait à Constantinople, et probablement à Carthage.

Quant aux effets de ce régime, je ne puis que m'associer aux justes critiques de M. Serrigny. « Rien n'était plus déplorable. » Il attirait à Rome tous les fainéants de l'Italie, grossissait chaque jour la population et les besoins de la ville. Il épuisait les provinces, il ne tenait aucun compte de la liberté humaine, et contribua sans aucun doute, à la décadence de l'empire Romain.

1. C. Th. 1, 4. *De can. fr. Urb. R.*
2. C. Th. *De Patr. Horr. port.* Loi 2 *De suscept.* Loi 24. — Serrigny. *Droit public et adm. des Rom.* T. 1, p. 253 et suiv. et Godefroy, *Paratit. : des titres cités.*

DISPOSITIONS EN FAVEUR DES DÉBITEURS.

Il peut sembler étrange de compter, parmi les mesures d'assistance publique, les nombreuses dispositions prises en faveur des débiteurs, chez les Romains. L'état de débiteur n'est pas, de nos jours, une forme de l'indigence, alors même que les dettes d'un homme sont supérieures à sa fortune. La saisie des biens respecte ses instruments de travail, et, depuis la loi bienfaisante de 1867 qui abroge la contrainte par corps en matière civile, elle respecte l'indépendance, ou plutôt la liberté de la personne. Pour vivre, lui et les siens, il reste au débiteur la ressource du travail. Ce « *subsidium vitœ* » manquait aux Romains, à ceux du moins qui n'avaient plus de sol à cultiver, c'est-à-dire, presque tous. La condition de prolétaire finit par être celle du plus grand nombre.

Le morcellement du sol s'était maintenu pendant la période royale grâce à l'ambition plus modeste des nobles, grâce aussi à de fréquents partages de terres, dus à l'initiative des rois. Quand la royauté succomba dans la personne de Tarquin qui avait eu l'imprudence d'excéder la noblesse et le peuple, l'une par ses violences, l'autre par ses corvées, l'aristocratie, maîtresse du pouvoir, supprima les distributions de terres. Cepen-

dant, le prolétariat s'était formé par l'émancipation des
clientèles ; la noblesse entreprit de les reconstituer, et de
faire retomber la plèbe dans les liens d'une dépendance
quasi-servile. Pour y réussir, il fallait ôter au menu
peuple la terre, instrument de vie et élément d'indépendance personnelle. Tous les moyens lui furent bons. Elle
l'épuisa par des guerres incessantes, ruineuses pour le
citoyen soldat qui faisait tous les ans campagne, ne
recevait point de solde, et trouvait souvent au retour ses
champs ravagés et sa cote de contributions à payer. Le
trésor ne faisait point grâce. Le soldat fut souvent frustré
du butin qui seul pouvait compenser ces pertes. Il est
difficile de contester, de la part des nobles, la poursuite
systématique d'un tel dessein : l'épisode de Coriolan le
révèle dans toute sa brutalité. On sait qu'il voulut mettre
la famine dans la complicité de sa tentative réactionnaire
et fut exilé de Rome qu'il vint assiéger avec une armée
ennemie. Dénué de tout, « le peuple romain éprouvait
« souvent le besoin de l'emprunt, et dépourvu des pro-
« fits de l'industrie, il était réduit au bénéfice éventuel
« des prises sur l'ennemi, ou à souffrir les exigences
« des usuriers de la classe patricienne (1). » Comment
rembourser quand l'agriculture qui donne de si petits
profits est annuellement délaissée, quand la récolte est
manquée, la maison détruite ? Bientôt le patrimoine y
passait tout entier. L'usure ne s'arrêta pas là ; elle
s'attaqua à la personne même du débiteur qui devint, à
son tour, le gage du créancier. Cette sujétion résultait
d'une sentence judiciaire (*addictio*) qui l'adjugeait au
préteur, corps et biens, ou d'un contrat (*nexum*), qui
conférait à ce dernier le pouvoir de le saisir de sa propre

1. Giraud. *Du prêt à intérêt.*

autorité, de l'entraîner dans sa maison, de l'y contraindre aux plus durs travaux.

On s'expliquerait difficilement les séditions excitées à Rome par la crise des dettes et la nécessité des mesures d'assistance en faveur du débiteur si l'on ne connaissait les terribles conséquences de l'insolvabilité.

On sait le respect dont les Romains étaient pénétrés pour la parole donnée, surtout dans les engagements ayant pour objet un prêt d'argent. « Cette fidélité à les remplir, dit Cæcilius, nos ancêtres l'ont énergiquement sanctionnée, non-seulement en matière de devoirs publics, mais de transactions privées, surtout à l'égard du prêt d'argent et des contrats commerciaux.... » (1). Cette sanction résidait dans l'*addictio* et les suites du *nexum*.

Écoutons la loi des XII Tables : « Si un prêt d'argent est avoué devant un magistrat, ou si une condamnation pécuniaire est prononcée pour cette cause, le débiteur a encore un délai de trente jours ; s'il ne paie point dans ce délai, le créancier peut lui mettre la main dessus (*manus injectio*) et le conduire devant le magistrat. Alors le débiteur peut encore obtenir sa liberté en donnant un *vendex*. Autrement, le créancier a droit de le mettre aux fers. Si, dans les soixante jours qui suivent, le paiement ne s'effectue pas, le créancier peut le mettre à mort ou le vendre à l'étranger comme esclave. » Puis elle ajoute cette observation : « s'il y a plusieurs créanciers, qu'il leur soit permis de couper le débiteur en morceaux, qu'ils coupent plus ou moins, peu importe s'il n'y a fraude. »

Une telle cruauté révolte la raison, et de bons esprits ont refusé d'y croire. Il s'agirait, d'après eux, non d'une

1. Aul. Gelle. XX. *Nuit. attiq.*

vivisection, mais d'un partage des biens (*sectio bonorum*).
M. Giraud qui l'a cru d'abord s'est rétracté ; il lui paraît
que cette loi affreuse est tout-à-fait conforme au génie de
l'antiquité (1). La réalité d⋅ cette peine résulte évidemment des paroles de Cæcilius, quand il dit que ce n'était
qu'un moyen de contraindre les débiteurs de mauvaise foi.
Un fragment de Dion Cassius lève tout espèce de doute.
Hâtons-nous d'ajouter avec cet historien, qu'à sa connaissance il ne fut jamais fait usage de ce droit.

Le sort de l'*addictus* n'en valait guère mieux. Il n'é-
tait point esclave ; mais son état était une servitude de
fait d'une durée indéfinie ; il subissait l'emprisonnement
avec contrainte au travail. Ses enfants même étaient expo-
sés au même sort, si l'émancipation n'eût permis au père
de les y soustraire, en les détachant de sa puissance. Car
le droit de s'abstenir de la succession paternelle n'existait point encore. Quant à sa fortune, il est bien prouvé,
malgré Niebuhr, qu'elle devenait le gage de ses créanciers.
Ainsi, expropriation du patrimoine, servitude de fait, emprisonnement sans terme, contrainte aux plus durs travaux, voilà le résultat de la sentence judiciaire.

Le sort des *nexi* n'est pas moins misérable. L'antique
usage de la balance, d'abord nécessaire pour peser les
lingots avant l'invention des monnaies, s'était ensuite per-
pétué dans les contrats, revêtant un caractère solennel et
sacré qui communiquait au créancier contre le débiteur
tous les droits de la puissance publique. Or, il advint
que les prêts un peu considérables, au lieu d'être faits en
forme de *mutuum*, furent généralement consentis dans

1. Huschke. Voir Giraud.
2. A. Gelle. XX. *Null att.*
3. Quintilien. *Inst. or.* VII, ch. 3.
4. Giraud. *Du prêt à intérêt.*

la forme réligieuse du *nexum*, plus tard, additionné de clauses accessoires qui tiraient toute leur force de la *causa civilis* du contrat; et, peu à peu, parmi ces clauses, la pratique en adopta une qui stipulait, en cas de non paiement du débiteur, des *operæ serviles*, l'assujettissement de sa personne à des travaux serviles, sous la puissance et au profit du créancier.

Ce fut, dit M. Giraud, une abominable invention, dont l'usage, accidentel d'abord, tomba dans l'habitude courante. Le créancier n'avait plus à se présenter devant le juge, il pouvait directement saisir et entraîner le débiteur, l'enfermer dans sa prison domestique, le maltraiter : « Tout ce qui était soumis au débiteur, tombait par lui et avec lui dans la même condition, sa fortune, ses enfants, *in potestate.* » On voit même des créanciers condamner ces malheureux à servir à d'abominables voluptés.

Tel était le sort d'une foule de plébéiens. Aussi l'histoire est pleine de leurs gémissements. « Les dettes, « disait le centurion Voléro, s'étendant comme un mal « rongeur, ont atteint sa personne même. Saisi par son « créancier, il avait trouvé en lui, non un maître, mais « un geôlier et un bourreau. » Puis il montrait ses épaules toutes meurtries des coups qu'il venait de recevoir (1). Longtemps ils se plaignirent, mais en vain. La noblesse poursuivait son œuvre d'asservissement avec une impitoyable bonne foi. Il lui semblait tout naturel et facile de restaurer ce triste passé : dangereuse expérience qui eût pu lui coûter cher, si comme en Grèce, la plèbe n'eût écouté que ses rancunes : c'est vraiment une tentative bien insensée que de ramener à l'esclavage, celui qui a une une fois goûté la volupté de l'indépendance.

1. Tit.-Liv. 11, 23. — Montesquieu, *Esprit des lois*, Ch. XII, 21.

B.   8

Un jour le peuple se révolta. L'ennemi menaçait Rome, il refusa de s'enrôler. Le Sénat dut céder. Un édit du consul Servilius défendit de retenir aucun citoyen en prison ou dans les fers, de faire saisir ou vendre ses biens tant qu'il serait à l'armée, enfin d'arrêter ses enfants ou ses petits-enfants. » Les débiteurs accoururent en foule sous les drapeaux, si nombreux qu'ils formèrent un corps d'armée (1).

Tribunat. — Transaction temporaire que les patriciens violent au retour de la campagne. Exaspérée, la plèbe s'exile en masse sur le Mont-Sacré pour y fonder une ville. Les patriciens effrayés consentent à un arrangement, et le peuple gagne le Tribunat, cette première égide de ses droits. Le tribun sacro-saint est, avant tout, la sauvegarde du débiteur maltraité. Il est inviolable, et son intercession souveraine. Il lui est interdit de quitter Rome pour être toujours prêt à l'appel de ceux qu'on opprime. La plèbe, d'abord traquée dans ses conciliabules nocturnes à travers champs, va pouvoir, sous sa conduite, s'assembler en plein forum. L'institution tribunitienne porte en elle la conquête et la garantie du droit de réunion, et le germe du pouvoir législatif (2).

Répression de l'usure. — Le Sénat, dit M. Naudet, consentit quelquefois à se relâcher de la rigueur des lois ; il laissait sanctionner par un plébiscite quelque proposition tribunitienne pour la répression des usuriers. Il ne prenait point l'initiative et n'agissait pas avec franchise. Les usuriers étaient des hommes opulents, les puissants de la Cité, les ordonnances ne tardaient point à être violées ou éludées ; il fallait une insurrection nouvelle ou une

1. Tit.-Liv. 11, 24.
2. Denys, VI, 80. X, 32, 42.

menace d'insurrection, pour qu'on accordât à la plèbe quelque palliatif aussi vain que les autres (1).

La plaie de l'usure était intolérable, on essaya de la guérir. Tacite dit que l'intérêt n'avait pas de limite légale avant la loi des XII Tables; qu'elle la réduisit à l'*unciarium fœnus* (2). On discute encore sur la quotité de ce taux. Ce qui est certain, c'est qu'il n'est pas de 1 0/0. On ne comprendrait pas que la plèbe se fût si violemment révoltée contre une aussi légère exigence. L'opinion commune (3) traduit l'*unciarum fœnus* en une redevance de un douzième du capital par année de 10 mois 8 1/3 pour cent d'intérêt par an. Suivant d'autres auteurs, il se confondrait avec l'*usura centesima* (Pellat *de dote*, p. 30), et correspondrait à 1 0/0 d'intérêt par mois ou 10 0/0 par année. Quoi qu'il en soit, la condition économique du peuple ne lui permettait pas de subir cette charge. Une loi postérieure la réduisit de moitié; une autre la supprima complétement (4). C'était tomber d'un excès dans l'autre. Aussi, l'usure clandestine se joua des prohibitions. Beaucoup de plébiscites essayèrent de réprimer les fraudes qui renaissaient par d'adroits artifices (5); vains

1. Naudet. *Assist. publ. chez les Rom. Ac. des Insc.* T. XIII.
2. Tac. VI, 16.
3. Niebuhr, Giraud, *op. cit. vernel.*
4. Tac. VII, 27, 16
5. Montesquieu. Liv. XII, ch. 22. « Lorsque les prêts à intérêt eurent été défendus à Rome, on imagina toutes sortes de moyens pour éluder la loi et comme les alliés et ceux de la nation latine n'étaient point assujettis aux lois civiles des Romains, on se servit d'un allié usurier ou d'un latin qui prêtait sous son nom et paraissait être le créancier. La loi n'avait donc fait que soumettre les *créanciers* à une formalité, le peuple n'était pas soulagé.

« *Marcus Sempronius*, tribun du peuple, fit faire un publiciste qui portait, qu'en fait de prêts, les lois qui défendaient les prêts à usure entre un citoyen Romain et un autre citoyen Romain auraient également lieu entre un citoyen et un allié. » (A. 559. *De R.*).

efforts. Leur nombre ne servit qu'à montrer l'impuissance du législateur. Les débiteurs en souffrirent ; car, comme dit Montesquieu, on prit alors pour le prêt et pour les périls de la fraude. Les sanctions pourtant étaient sévères. Celle de la loi des XII Tables frappait l'usurier d'une amende du quadruple ; le voleur n'était condamné qu'à la restitution du double.

Toutes ces mesures allaient contre leur but. Le sort des débiteurs empira. C'est alors que fut imaginée l'odieuse invention du *nexum* qui permit aux spéculateurs de mettre la *fides* dans la complicité de leurs exactions. L'usure sévit de plus belle, malgré la loi *Genucia* et les menaces d'une loi *Marcia* qui autorisa peu de temps après la *manus injectio* contre tout usurier (1).

Les rigueurs du *nexum* furent adoucies par une loi *Valeria?* qui supprima la *legis actio per manus injectionem*, sauf dans les deux cas du *depensum* et du *judicatum*. Désormais, le simple débiteur put repousser la prise de corps, sans être tenu de donner un *vindex* pour répondre de sa dette, et le créancier perdit le droit de l'incarcérer, de sa propre autorité dans sa maison (2).

Enfin, arrive la loi Pœtelia (L. 35, *de R.*), grâce à laquelle le peuple fut en quelque manière initié à une liberté nouvelle par la suppression du *nexum*. On dut ce changement, dit Tite-Live, à l'infâme passion d'un usurier nommé Papirius. Il retenait chez lui C. Publicius qui s'était donné pour délivrer son père. L'âge et la beauté du jeune homme qui devaient exciter sa compassion ne firent qu'enflammer son penchant au libertinage et aux violences honteuses. Ne pouvant vaincre sa pudeur révoltée, il le

1. Gaïus. Comm. IV, 23.
2. *Id.*, § 25.

fit battre de verges. Mais, l'indignation s'empara de la
foule, et ce jour-là, fut brisée, par la féroce incontinence
d'un seul, un des liens contractuels les plus énergiques (1).

Une loi fut portée qui défendait de retenir un citoyen
dans les fers excepté (2) pour une peine méritée et en attendant le supplice. Tous les *nexi* furent mis en liberté et
la contrainte par corps du *nexum* abolie avec ce contrat pour l'avenir. La loi prohibait la clause de la *nun-
cupatio* consistant dans la promesse des *operæ serviles*
pour le cas de non-paiement à l'échéance. Les promesses
de ce genre en cours d'exécution ou non encore suivies
d'effets furent annulées. Désormais le patrimoine seul du
débiteur, non sa personne, répondra de la dette, *creditæ
pecuniæ bona debitoris, non corpus ob noxium esse*
(Tite-Live VIII, 58) (3).

L'*addictio* ou l'attribution du débiteur au créancier,
corps et biens, par jugement ne fut cependant pas sup-
primée. Mais, dès lors, l'*addictus* ne put plus être
chargé de chaînes. Quant au droit de le retenir après
sentence, en charte privée, il subsista ; seulement la
défense de le contraindre au travail aboutit en quelque
sorte à supprimer l'incarcération du débiteur en la rendant
sans profit. Pour obtenir le bienfait consacré par la loi
nouvelle, le débiteur devait *jurare bonam copiam*,
c'est-à-dire, jurer de tenir sa fortune intacte à la disposition du créancier (et non point jurer qu'il avait une
fortune suffisante pour le payer). Cette loi Pœtelia n'a
pas créé la cession de biens, mais elle en a posé le

1. Tit.-Liv. VIII, 58, Varro, *de ling. lat.* VII, 1 à 5.
2. L'accusé d'un crime public restait libre jusqu'à la sentence,
en donnant caution. Elle fut exigée pour la première fois du jeune
Céson. (T. L. III, 13).
3. Tit.-Liv. VIII, 58.

prémisse, elle lui a donné la première impulsion (1).

La condition du débiteur se trouvait notablement améliorée. Cependant l'usage, plus fort que la loi, rétablissait l'ancienne servitude. En 537 le dictateur Junius Péra, offrit après le désastre de Cannes, la liberté aux débiteurs qui voudraient s'armer (2). Varron montre les *obœrati*, fort nombreux de son temps, occupés aux travaux des champs concurremment avec les esclaves (3). Ulpien signale encore l'*addictio* ; mais elle devenait de plus en plus rare (4).

Dans l'intervalle, une loi de César l'avait presque complétement effacée en organisant la cession de biens ; elle ne subsista plus que comme peine de la mauvaise foi. « César accorda le premier à l'insolvable la faculté qui « sert aujourd'hui de base à toutes les liquidations de « banqueroutes. A l'avenir, que l'actif suffise ou non au « paiement du passif, le débiteur, par le délaissement et « sauf amoindrissement de ses droits honorifiques ou « politiques, aura la liberté sauve. Il pourra recommencer « la vie des affaires et ne sera tenu de son passif antérieur « et non couvert par la liquidation qu'autant qu'il le « pourrait acquitter sans se ruiner une seconde fois (5). »

Désormais le débiteur ne peut être atteint dans sa personne, ni dans sa famille. La servitude n'est plus la quittance de l'emprunt, elle ne soumet plus les épaules du débiteur au fouet du créancier.

Une série d'autres mesures avait parfois allégé sa détresse. Une des rogations de Licinius Stolon fit déduire

1. Giraud. *op. cit.*
2. Tit.-Liv. XXIII, 14.
3. Varro. R. Rustic. I, 17.
4. Dig. IV, 6. 23. XLI, 1, 34.
5. Mommsen H. R. Tr. Alexandre. T. 8, 117. Vainberg. de la Faillite en D. R. 1876.

du capital les intérêts déjà reçus (1). Pendant l'invasion
gauloise qui fit tant de ruines, dans le Latium, les consuls
essayèrent de réduire le fardeau de l'usure et firent de
l'acquittement des dettes une question d'intérêt public.
Cinq magistrats furent créés et chargés de cette répartition
pécuniaire qui les fit appeler *mensarii*. Beaucoup de
paiements étaient en retard par gêne plutôt que par
insolvabilité des débiteurs. Le trésor paya de son argent,
après avoir pris des garanties, quant à ceux qui avaient
plus de dettes que de biens, une estimation suivie de
cession à juste prix les libérait. Toutes les parties furent
satisfaites de cet arrangement (2).

Vains palliatifs qui suspendaient la rigueur des pour-
suites, mais non les causes de la ruine privée, qui allaient
faire bientôt d'autres victimes. Peu de temps après le
Sénat fut forcé d'intervenir, dans la même circonstance
où l'on réduisit de moitié l'*unciarium fœnus*. On arrêta
que les dettes seraient acquittées en quatre paiements
égaux, l'un comptant, les trois autres dans l'espace des
trois ans. En même temps, et cela valait mieux, le
sénat fit surseoir aux levées de tribut et de soldats. Cette
mesure rendait seule possible l'exécution de l'autre ; et
fut un grand soulagement pour la ville, dit Tite-Live ;
preuve nouvelle que c'étaient bien la guerre et les tributs
qui ruinaient la classe moyenne. Ces faveurs furent rares
depuis. Rome ne pouvait se passer de soldats ni d'argent.

Gracchus fit durant sa préture accorder par le Sénat
un répit de dix-huit mois aux débiteurs obérés pour se
mettre en règle avec leurs créanciers.

Les dettes allaient grandissant de plus en plus. Durant

1. Tit.-Liv. VI, 35.
2. Tit.-Liv. VII, 21.

la dernière période de la République, Rome présente le tableau d'une ville composée de millionnaires et d'indigents. Toute la classe moyenne a disparu ; sa fortune foncière s'est fondue dans les vastes domaines qui faisaient à quelques individus de colossales richesses. On peut mesurer la misère des petits à l'opulence des grands. L'avoir de Pompée était estimé à 70 millions H. S. = 19,875,000 francs. Crassus laissait à sa mort 78,000,000 francs. L'excès du luxe engendra des dettes énormes qui firent des débiteurs puissants par leurs largesses, d'audacieux agitateurs en révolte contre toutes les lois morales (1).

Antoine, à vingt-quatre ans, devait une somme évaluée à 1,724,000 francs ; quatorze ans plus tard, 11,885,000. Milon, 20,000,000 ; les créanciers de sa faillite touchèrent à peine 4 %. La crise des dettes prit alors une tournure menaçante pour l'État. La foule des gens obérés trouvait, dans ces puissants ruinés, des chefs qui ne demandaient rien moins que des tables nouvelles, c'est-à-dire l'abolition des dettes privées, et qui, comme Catilina, Cœlius, Dolabella et tant d'autres, « demandaient quittance à la guerre civile (2). »

César essaya de remédier à cette situation. Une première loi, qui ne fut vraisemblablement pas exécutée, défendait à quiconque de garder en caisse plus de 60,000 H. S. (3). Elle visait à faire baisser le taux de l'intérêt en rendant disponible une grande somme de capitaux. Une autre loi moins radicale fit remise aux débiteurs de l'intérêt arriéré, et ordonna que les intérêts payés seraient

1. Mommsen. *Hist. Rom.* T. 8. Trad. Alexandre. P. 131.
2. Mommsen. *Hist. Rom.* T. 8, 131, 3. Trad. Alexandre.
3. Dion. XLI. 37, 8. — Suét. *Cœsar.* 43, 3.

précomptés sur le capital. Une troisième obligea le créancier à recevoir en paiement complet tous les immeubles de l'obligé au taux de leur valeur réelle avant la guerre civile ; prescription qui peut se justifier, si l'on considère le porteur du titre comme propriétaire éventuel d'un gage dont il subit pour sa part la dépréciation non volontaire. La seconde loi sur l'imputation des intérêts faisait perdre aux créanciers plus de 25 0/0, mesure plus contestable que la précédente, à raison de sa généralité, puisqu'elle faisait bénéficier de la réduction même ceux qui possédaient les moyens de se libérer complétement. Les Rhodiens n'acceptèrent pas cette loi césarienne.

Enfin, le dictateur, pour réduire l'usure en réduisant son personnel d'exploiteurs, fixa, au regard du prêteur un maximum des sommes qu'il pouvait prêter à intérêt, calculé sur l'importance de ses immeubles italiques et ne devant pas excéder la moitié de leur valeur. Il contraignait de la sorte les capitalistes à trouver un autre emploi de leur argent que l'usure, à le transformer en propriétés foncières. Il est probable qu'il limita également le cours de l'intérêt. Déjà dans les provinces, Lucullus l'avait réduit au maximum de 1 0/0 par mois, et prohibé l'anatocisme.

Depuis Caton, qui ne se faisait pas scrupule de prêter à 40 0/0, le taux normal avait beaucoup baissé. D'immenses importations de lingots, produit de la conquête ou des exploitations minières, un certain essor du commerce, l'organisation urbaine des secours frumentaires, toutes ces causes concoururent à rendre l'argent moins cher, en augmentant la masse des capitaux libres et en diminuant le nombre de ceux qui avaient besoin de recourir à l'emprunt. En 725, il tomba de 12 à 4 0/0. Le premier de ces deux taux était passé dans les habitudes romaines depuis que le commerce avec la Grèce avait insensiblement substitué à l'*unciarum fœnus l'usura centesima*, en usage dans les pays orientaux. Elle prit le nom de *usura legitima*. Cette innovation ne semble pas avoir causé de gêne ni de troubles. Depuis l'accaparement de tous les grands pouvoirs de l'État par un seul, l'ère des grandes corruptions électorales et des puissants débiteurs était passée. Parfois l'Empire paya les dettes de quelques grandes maisons. Septime-Sévère fixa l'intérêt légal à 4 0/0, mesure qui prouve que le « *vetus et fœnebre malum* » n'avait point encore disparu. Enfin, plus tard, sous Nerva et Trajan, nous verrons naître l'organisation d'un système de prêts hypothécaires qui avait pour but de venir en aide, avec les fonds du trésor, non pas aux débiteurs, mais d'une part à l'agriculture et de l'autre à l'éducation de l'enfance, œuvre généreuse à laquelle étaient consacrés les intérêts très modérés au reste, des sommes dues par les propriétaires fonciers.

---

1. Lamprid. *In alex.*

ASSISTANCE EN FAVEUR DES SOLDATS.

SOLDE. — CAISSE MILITAIRE. — SERVICE DE SANTÉ DANS
LES ARMÉES. — COLONIES. — SOCIÉTÉS DE BIENFAISANCE
ENTRE SOLDATS.

§ 1. — Solde.

Dans les premiers siècles de Rome, le soldat ne se
distinguait pas du citoyen. Tout homme valide devait à
l'État le service militaire depuis 17 jusqu'à 45 ans. La
milice occupait la moitié de la vie d'un Romain, et
généralement la moitié de l'année. Tous les ans, quelque
nouvelle expédition l'enlevait à l'agriculture pour un
temps qui ne pouvait excéder six mois; il fallait bien lui
permettre d'ensemencer les champs et de lever ses récoltes. Ces continuelles absences étaient une cause de
ruine pour les petits propriétaires qui ne recevaient
aucune solde de l'État, et devaient s'équiper et se nourrir
à leurs frais. Parfois, excédé par les dettes et la misère,
le citoyen refusait d'être soldat; les tribuns du peuple
s'opposaient aux enrôlements. Le sénat fut enfin obligé
d'établir la solde, moins par compassion que par calcul.
L'armée faisait depuis près de dix ans le siége de Véies,
que les interruptions périodiques et l'abandon fréquent
des travaux d'approche empêchaient de forcer. Le sénat
vit enfin qu'on n'en viendrait à bout que par un inves-

tissement continu qui tiendrait l'armée sur pied pendant plus des six mois réglementaires. Ce bienfait qui n'était pas gratuit, fut accueilli avec la plus grande joie par le peuple, étonné d'une libéralité à laquelle il ne s'attendait pas et dont il ne comprit pas d'abord le motif. Il murmura plus tard quand il fut mieux instruit des exigences patriciennes (1).

La solde fut réglée d'abord à 100 as par mois = 3 as 1/3 par jour, jusqu'en 536 (2). Letronne pense qu'elle ne varia pas malgré les réductions successives de l'as et resta fixée par jour et par tête à 1/3 de dernier Polybe (3) nous apprend, que de son temps, au commencement du vııe siècle de Rome, la paie journalière du soldat était de 5 as (de 16 au denier au lieu de 12) = 1/3 de denier. César la doubla et dut la porter à 10 as (4). L'avilissement du métal, la recherche des sympathies de l'armée par le dictateur, le besoin d'assurer sa complicité et de gagner son appui furent cause de cette augmentation. Domitien la porta à 13 as 1/3 = 5/6 de denier par jour = 25 deniers par mois (5). A partir de cette époque on ne trouve plus aucun renseignement pour celle du simple soldat. Le code Théodosien ne s'occupe que des officiers supérieurs qui recevaient une solde partie en nature et partie en argent. En la réduisant au quart pour le soldat, suivant l'ancienne proportion des premiers temps de la République, on trouve qu'elle serait assez forte. Dureau de la Malle l'évalue à un franc par jour.

1. Tit.-Liv.
2. Dureau de la Malle. *Ec. polit. des Rom.* — Letronne (*Ac. des Insc.* XLI. P. 146).
3. Polybe. VI, 39.
4. Suét. *Cæsar.* 26.
5. Suét. Domitien. 7.

Au reste, il faut observer que, depuis l'institution des armées permanentes, réalisée par Auguste, le service militaire était devenu un véritable métier dont le salaire est la solde.

§ 2. — *Caisse militaire.*

Le désir de s'attacher l'affection des armées suggéra à Auguste la fondation de la caisse militaire, qui eut pour but de procurer quelques avances aux vétérans quittant les drapeaux. Suétone (1) dit que « ce principe régla la « paie et la récompense des gens de guerre d'après les « grades et le temps de service, détermina les retraites « attachées aux congés, afin qu'après les avoir obtenues, « le besoin ne devînt pas pour les soldats une occasion « de troubles. Pour qu'il lui fût facile de fournir aux « frais d'entretien et de pension du soldat, il créa une « caisse militaire avec le produit de contributions nou- « velles » (2). Auguste lui-même nous apprend, dans le monument d'Ancyre (XVII), qu'il versa une fois 170 millions HS dans le trésor militaire fondé d'après son conseil, pour fournir des gratifications à payer aux soldats qui auraient servi vingt ans et plus. Dion nous donne la date de sa création (759) de Rome (3). Elle fut alimentée par les largesses des Empereurs, par une contribution de 1/20 prélevée sur les legs et les hérédités, d'abord tran- sitoire, puis permanente (*vicesima hereditatum*) ; plus

1. Suétone (Aug.).
2. Vr Humbert. V° *Ærarium militare. Dict. des ant. Gr. et Lat.*
3. Dion. XLV, 23, 25.

tard il s'y ajouta une taxe sur le produit des ventes aux enchères (*centesima rerum venalium*) et le 1/50 du prix de vente des esclaves. Parfois elle s'enrichit du butin et d'une part des confiscations. L'administration en était confiée aux *prœtores œrarii militaris*, d'abord tirés au sort, puis nommés par le prince (1). Il est fait mention de cette caisse, pour la dernière fois, sous Héliogabale (2).

Ces secours étaient insuffisants pour le soldat. Tibère les ménagea aux dépens des hommes et n'accorda guère de congés aux vétérans pour qu'ils mourussent de vieillesse, et que leur mort lui profitât. La misère des armées occasionnait souvent des révoltes. On connaît le discours de Percennius, ancien histrion, dans la sédition des légions de Germanie : « Le service, disait-il, est rude et ingrat ; c'est à dix as par jour qu'on évalue votre corps et votre âme ; sur ce prix il faut payer les vêtements, les armes, les tentes ; il faut se racheter de la cruauté des centurions et leur arracher chèrement les dispenses de service. » Il réclamait une solde d'un denier par jour, la moitié de celle des prétoriens (3).

Ce n'était pas trop pour compenser les risques de ce rude métier. Captifs, ils étaient pris par la servitude éternelle. Une expédition en Germanie délivra quelques malheureux survivants du désastre de Varus, et esclaves depuis 40 ans.

Puis quand ils étaient malades ou blessés, que devenaient-ils ? Qui prenait soin d'eux ? Les anciens auteurs sont muets sur le sort des blessés. Nous ignorons si, pendant la période républicaine, on s'occupait même de les

1. Orelli (3393).
2. Orelli (946).
3. Tacite. A. I, 16, 17.

relever et de les panser sur le champ de bataille. Une fois
Tite-Live nous dit que, sur la proposition du consul vainqueur Fabius, ils furent distribués entre les maisons patriciennes, que celle du consul en reçut le plus, les
soigna le mieux et gagna l'affection du peuple. Cette hos-
pitalité était-elle d'usage, on ne sait ; le contraire est
plus probable.

§ 3. — *Service de santé militaire.*

Il faut descendre jusqu'à Auguste pour rencontrer un
service de santé organisé dans les camps et les armées.
Une soixantaine d'inscriptions, interprétées dans le remarquable travail du docteur Briau, jointes à quelques
extraits des auteurs anciens, nous en révèle certainement
l'existence, ainsi que quelques détails d'organisation. Je
ne puis mieux faire que de résumer cette étude (1).

La création par Auguste des armées permanentes, la
formation de corps de troupes spéciales et sédentaires
(vigiles, garde urbaine, etc.), fit sentir le besoin d'un re-
fuge pour les soldats malades. On établit des *valetudi-
naria*, hôpitaux ou infirmeries, où les blessés et les
malades recevaient des soins assidus (2).

Le géomètre Hyginus, décrivant les opérations du cam-
pement, en parle en ces termes: *Quotiens autem quinque
vel sex legiones acceptæ fuerint, duæ cohortes primæ
lateribus prætorii tendere debebunt, duæ in pretextu-
ra super quibus valetudinarium.* »

1. Briau. *Du serv. de santé militaire chez les Rom.* (Masson).
2. *Hôpitaux militaires.* V° Masquelez. *Étude sur la Castramétation.*

Plus loin : « *ut LX pedes valetudinarium et reliqua quæ supra tendent, accipiant, hoc est valetudinarium et fabrica, quæ ideo longius posita est ut valetudinarium quietum esse convalescentibus posset, quorum pedatura in singulos species ad homines CC solet computari.* »

Les textes d'Hyginus ne peuvent laisser aucun doute sur la réalité de l'assistance hospitalière dans les camps. Cette création date probablement du règne d'Auguste. Hyginus ne nous apprend rien sur son organisation, et n'avait pas à nous la faire connaître. Il nous indique la dimension du bâtiment qui doit pouvoir contenir deux cents personnes, et se trouver assez éloigné de l'atelier des forgerons pour que le bruit n'incommode pas les malades.

Quant au personnel de l'hôpital, quelques inscriptions nous le font connaître. Il avait un médecin, désigné sous le nom de « *Medicus Castrensis* qui avait sans doute la direction des différents services (1). Près de lui, se trouvaient des hommes de peine (*nosokomoi*) *qui ægris præsto sunt* (D. 6, L. VI) ne faisant pas partie des cadres et n'étant pas immatriculés ; puis, des agents d'administration (*optiones*) qui avaient mission de veiller à ce que rien ne manquât aux malades et aux blessés. Ces deux sortes d'employés étaient, à raison de leur charge, exemptés des *graviora munera (*C. *de jure imm.* 6*).* Les *optiones valetudinarii* changeaient parfois de fonctions. On en voit un qui a été successivement » *adjutor et secutor tribuni, optio valetudinarii, optio arcarii* c'est-à-dire préposé à la pharmacie (2). Leur

---

1. Inscript. du musée de Lyon (Boissieu) 2.
2. M. Rénier. Inscr. d'Afrique. Lambèse. 63, 74.

office n'avait aucun rapport avec la médecine. Cette organisation, dit M. Briau, avait une certaine analogie avec ce qui existe aujourd'hui.

Un service médical était aussi attaché aux différents corps de troupe. Des inscriptions mentionnent les médecins des vigiles, des cohortes prétoriennes urbaines, et *equites singulares*, des légions, des alliés ou auxiliaires, enfin de la flotte.

Kellermann, dans son beau travail sur les vigiles, inspiré par Borghesi qui lui en fournit les matériaux (1), nous a fait connaître le personnel médical de deux cohortes de ce corps. On sait qu'il fut organisé par Auguste pour veiller à la sûreté de la ville, éteindre les incendies et faire la chasse aux voleurs. Il se composait de sept cohortes comprenant chacune environ 1500 hommes (2). Chaque cohorte avait quatre médecins. Leur rang honorifique est assez honorable, ils figurent dans l'inscription en compagnie des officiers et seulement de trois *corniculariï* ou adjudants sous-officiers. Ils ne faisaient pas partie de l'état-major, mais étaient inscrits dans les cadres d'une centurie et y recevaient leur solde. Trois d'entre eux étaient chargés du service de deux centuries, le quatrième, d'une seule. Il n'y avait pas de médecin de centurie, mais seulement de cohorte.

Les légions avaient aussi leur personnel médical, des pharmacies de campagne (3) (Tac. A. I, 65) « et des aides ou *deputati*, » nommés aussi « *scribones*, qui suivent l'armée, se chargent de ceux qui sont blessés dans le combat pour les soigner et les guérir comme font les mé-

1. M. Rénier, à son cours.
2. Vʳ Inscript. rapportées par le Dʳ Briau. P. 45 et 48.
3. Rénier. Inscript. d'Afrique. 506, 641, 537.

decins » (1). On peut induire aussi d'un passage d'Achille
Tatius qu'il existait un médecin en chef. Il parle en effet
du médecin de l'armée. La loi 1ʳᵉ (C. X, 2) parle d'un
médecin de légion. On ne sait, au juste, combien chaque
légion en comptait: leur nombre était probablement de
17 à 21.

Dans la flotte, chaque trirème en avait un, qui recevait
double solde, (*duplicarius*).

§ 4. — *Des colonies militaires.*

Il ne suffisait pas de procurer aux soldats quelques secours dans les infirmités et les maladies, il fallait encore,
au jour de leur congé, leur donner une retraite qui les
mît à l'abri du besoin. On a vu comment la caisse militaire avait essayé d'y pourvoir. Longtemps avant, dès la
seconde guerre punique, un autre système de récompense
avait été inauguré. On avait eu l'idée de donner aux soldats, revenus de Carthage, des terres publiques à raison
de deux jugera par chaque année de service. Cet exemple
fut fréquemment suivi pendant les derniers siècles de la
République et sous l'Empire. A partir de César la colonisation avec les éléments plébéiens cessa complétement (2).
Les triumvirs décidèrent que les simples citoyens seraient
désormais exclus de ces fondations et leurs successeurs au
pouvoir ne se départirent plus de cette règle de conduite.

1. Inscript. de la conf. Helv. 252, 448, 529.
2. Inscr. du roy. de Naples. 2701. *Muratori* 787, n° 4. — Briau.
op. cit.
3. Trajan, cependant, après la conquête de la Dacie, employa,
pour la coloniser, des individus de toute provenance (année 106).
Eutrope. VIII, 3.

Je ne puis entrer dans le détail des nombreuses distributions de terres provinciales qui commencent avant l'Empire et ne finissent qu'avec lui. Le beau travail de
M. Zumpt a épuisé cette histoire. Je me contenterai de
rechercher de quels éléments militaires se composait la
« *deductio coloniæ*», quelle était l'étendue du sol attribué à chaque ayant-droit, quelles conditions il devait
réunir pour obtenir un allotissement foncier.

Ce n'étaient pas seulement les soldats, mais même les
sous-officiers et les officiers qui participaient à ces distributions. On y admettait jusqu'aux tribuns militaires. Sous
Sylla et César, aucun doute; pour les temps postérieurs,
la preuve en est dans un passage de Tacite A. XIV, 27.
« On ne voit plus, dit-il, comme autrefois des légions entières partir sous la conduite de leurs centurions et de
leurs tribuns ; » et il se plaint qu'on forme la colonie de
soldats empruntés à tous les manipules, rassemblés au hasard, inconnus entre eux, sans guide et sans liens d'affection qui les unisse. Zumpt pense que les tribuns dont il
s'agit sont seulement ceux qui sortaient du rang ; ceux
qu'Auguste refusa d'introduire dans le sénat pour ne pas
le souiller par la présence d'hommes ayant jadis porté
« *storeas et corbes* » les nattes et les corbeilles.

Quant à l'étendue de chaque lot, elle varia. Les lois
apuléennes proposèrent de la fixer par tête à cent jugera
= (25 hect.). Il est douteux qu'elle ait été aussi grande
dans les assignations postérieures. On dut en donner chacun juste assez pour lui permettre d'y vivre avec une famille.
Ces parts n'étaient pas égales en surface, mais seulement
en valeur « *secundum bonitatem agrorum computatione
facta.* » On les prenait sur *l'ager* enlevé à l'ennemi et

1. Zumpt. *Comm. Epigr.*

annexé au domaine public ; quelquefois, quand il ne suffisait pas, aux territoires voisins (1) (Giraud scrip. R. Agr. 43). Ce n'était pas un sol nu que recevait le soldat : il était, dit Zumpt, pourvu de bâtiments d'exploitation. Autrement les concessionnaires n'en eussent pu tirer aucun parti. Il ne faut donc pas prendre au pied de la lettre les exagérations du soldat Percenius, quand il dit que c'est bien la peine d'endurer tant de fatigues pour recevoir, après, sous le nom de terres, des marécages et des landes montagneuses.

Quelquefois au lieu de sol, les empereurs donnèrent de l'argent. Auguste attribue une année 20.000 H. S. à chaque prétorien, 2000 à chaque légionnaire ; quelques-uns de ses successeurs l'imitèrent et Suétone fait à Caligula le reproche d'avoir réduit, pour les centurions, à 6000 H. S. la solde de retraite. Le premier secours est bien préférable (2).

Pour avoir droit à la distribution de terre, il fallait que le soldat eût obtenu ce qu'on appelait l'*Honesta vacatio*, un congé honorable. Il ne s'accorda, depuis Auguste, qu'à celui qui avait passé vingt ans sous les drapeaux dans les légions, seize dans les cohortes prétoriennes (3). Il donnait droit au titre de « *veteranus* ou *emeritus*. » Les autres soldats ne semblent pas avoir réclamé contre cette exigence réglementaire ; les légions révoltées de Germanie demandaient des champs « *et non inopem requiem* » pour les vétérans, des gratifications pécuniaires pour les autres soldats. Cette condition du temps de service demeura en vigueur sous l'Empire ; aussi, quand il est question

1. *Siec. Flacc. Rei agr. scr.* Giraud. P. 34, 35. Edit. Giraud.
2. Suét. Calig.
3. Inscr. d'Ancyre. III, 37.

d'une légion ou d'une cohorte qui part pour aller fonder une colonie, on peut être sûr qu'elle n'est pas au complet et ne comprend que les vétérans.

Ainsi, la libération et le congé n'arrivaient guère avant la quarantième année. On comprend combien devait être pénible, à cet âge, l'abandon des habitudes militaires et le dur labeur agricole pour des hommes qui avaient vieilli dans les camps, oubliant, s'ils les avaient jamais appris, les procédés de la culture. Comment amener ces vieux routiers, amoureux du péril et de la vie joyeuse, à aimer la plate sécurité du laboureur, à contracter mariage, à fonder une famille ? On ne sera pas étonné de lire les doléances continuelles des auteurs sur l'insuccès des colonies impériales, établies à grands frais, qui se fondent et s'évanouissent rapidement (1). « *Veterani*, *Tarentum et Antium* « *adscripci*, dit Tacite, *non tamen infrequentiœ loco-* « *rum subvenere*, *dilapsis pluribus in provincias in* « *quibus stipendiaria expleverant. Neque conjugiis* « *suscipiendis, neque alendis liberis sueti, orbas sine* « *posteris, domos relinquebant.* »

Une fois la colonie abandonnée, ils accouraient à Rome, aux distributions de vivres, ou se livraient au brigandage dans les provinces. « *Veterani, qui ex negli-* « *gentia vitœ, nec rus colunt, nec aliquid honestum* « *peragunt, sed latrocinio sese dederunt, omnibus* « *ceteranorum privilegiis exuti, pœnis competentibus* « *a provinciarum rectoribus subjiciantur* (2). Ce spectacle nous fait involontairement songer à la France, désolée par les grandes compagnies.

L'institution des colonies militaires, abstraction faite de

1. Tac. A. XIV, 27.
2. (3. C. *De veteranis.* XII, 47).

ses abus et du rôle qu'elle joua entre les mains de chefs ou de princes corrompus et corrupteurs, n'est pas mauvaise en elle-même. Il est tout naturel qu'un État qui a de grandes réserves de terres publiques, en assure une part comme indemnité de retraite aux soldats qui ont usé leur vie à son service, et les sauve de la misère en leur fournissant un sol à féconder, au grand profit de leur moralité et de la prospérité du pays. Mais il aurait fallu qu'ils sussent et voulussent s'en servir. Pour être profitables, ces concessions supposent, en ceux qui les obtiennent, une bonne volonté et des aptitudes agricoles qui manquaient aux soldats romains. On aurait dû les exercer pendant la milice aux travaux des champs, ou abréger la durée du service. Ce n'est pas à 40 ou 45 ans qu'on peut commencer l'apprentissage du métier de laboureur. Il n'est donc pas étonnant que beaucoup de vétérans se hâtassent de vendre leur fonds pour en dissiper le prix. Il ne faut cependant pas croire qu'il en fût toujours ainsi. La colonisation militaire a fait de grandes choses et marqué puissamment son empreinte sur les nations soumises. Celle de la Dacie, par exemple, où se mêla, il est vrai, dans une grande proportion l'élément plébéien, transforma si bien ce pays qu'il en fit une terre romaine, et que son peuple a retenu la langue des Romains (la Roumanie).

§ 5. — *Caisse de secours mutuels dans les camps.*

A côté des secours qui viennent aux soldats des largesses publiques, on en trouve d'autres qu'ils ne doivent qu'à eux-mêmes, et se procuraient par des épargnes sur leur

solde. Ils eurent l'idée, pour suppléer aux secours insuffisants de l'État, d'organiser entre eux des caisses de retraite. Cette institution nous est révélée par de curieuses
inscriptions du beau recueil de M. Léon Rénier (1). On
sait que les associations, les sodalités, furent longtemps
proscrites dans les armées et menacées de peines sévères.
Vaines prohibitions ; elles s'y multiplièrent et l'autorité
n'osa pas sévir; elle en vint même à les protéger. Des
scolæ, temples et lieux de réunions pour les associés, s'é-
levèrent dans les camps : parfois comme à Lambèse à
quelques pas du quartier général. Ces collèges avaient à
peu près l'organisation des sociétés civiles. On en jugera
par l'inscription suivante restituée par M. Rénier.

Pro felicitate et incolumitatem sæculi dominorum nostro-
rum Augustorum Trium L. Septini Getœ Cæsaris Augusti......
Cornifices legionis tertiœ Augustœ piœ vindicis.

suit une longue série de noms

Scamnario nostro dabunt collegœ qui facti fuerunt denarios
septingentos et quinquinginta DCCL.
Si qui de collegiis tramare proficiscentur cum profecturi
sint accipient viatorum promare denarios ducentos eque ab-
sentia (?) regressi quingentos (?)
Item veteranis anularium nomine denarii quingenti.
Item si qui ex collegio ampliore gradu proficiscentur accipient denarios quingentos.
Item si qui obitum naturœ reddiderint accipient heredes
ipsorum sive procurator denarios quingentos.
Item quod abominamur si quis locum suum decipiet denarios ducentos quinquagenta.

La caisse commune était alimentée par des cotisations;
on y puisait pour les frais de route, après congé ou

1. Rénier. Inscript. d'Afriq. 70.

avancement, pour les frais funéraires, pour l'indemnité qui atténuait les conséquences d'une destitution. M. Rénier voit dans cette institution l'origine de nos caisses de retraite. Elle remplissait aussi le rôle d'une société d'assurance mutuelle dont le besoin se fait aujourd'hui vivement sentir dans notre armée. Mais, comme il n'y est pas question de malades secourus, de pauvres assistés, on peut en conclure qu'elles n'ont pas absolument atteint le but de nos sociétés charitables de secours mutuels.

Cette transformation devait, pour les sociétés civiles, s'accomplir sous l'influence du christianisme.

Section V

ASSISTANCE PUBLIQUE EN FAVEUR
DES ENFANTS.

INSTITUTION ALIMENTAIRE DE TRAJAN.

L'assistance au profit des enfants s'est exercée de deux manières : d'abord par des lois protectrices de son existence, longtemps abandonnée aux caprices cruels de ses propres parents ; puis par des sacrifices publics consentis en faveur de sa vie physique ou intellectuelle.

Les sociétés anciennes ont été dures pour ce pauvre être. Conçu, il risquait de ne pas naître ; à peine né, de périr aussitôt par la main de ses auteurs. Il était la chose de son père qui pouvait en disposer. Si la mère ne pouvait détruire son fruit c'était uniquement par respect de l'autorité paternelle ; avec l'aveu du père, elle pouvait s'en délivrer avec terme (1). l'État laissait faire ; même il encouragea souvent ces abus. Les philosophes les plus éminents ne les désapprouvaient pas ; tout au contraire. « C'est à la loi, dit Aristote, de déterminer quels sont les enfants qu'on doit nourrir, quels sont ceux qu'on doit vouer à la mort par l'abandon. On défendra de nourrir ceux qui sont contrefaits. Si les mœurs répugnent à l'ex-

1. Dig. XI, 8. Loi 9, § 1, *ad leg.* Falc. XXXV, 2. *De Insp. ventre.* XXV, 4.

position des enfants nouveau-nés, et, qu'au-delàdu nombre légal, quelques mariages deviennent féconds, il faudra pratiquer l'avortement avant que l'embryon ait reçu le sentiment de la vie. C'est une condition qui seul rend l'acte criminel ou innocent (1). » Platon destine à la mort tous les enfants contre faits et laisse aux magistrats le soin de régler le nombre des citoyens qui ne doit pas être dépassé. Thèbes seule fait exception en Grèce ; étrange aberration de ces grands génies qui ne reculaient devant aucun moyen pour maintenir les cadres de la cité, comme s'il n'y avait pas place pour tous sur cette terre. « La limitation du nombredes enfants paraît avoir été, dit Letronne, la base du gouvernement de la Grèce (2). »

A Rome, l'avortement, l'infanticide, la vente des enfants étaient couramment pratiqués. On voit que le « malthusianisme » était en usage au temps de Tacite, quand dans son livre sur Germanie, satire involontaire des mœurs romaines, il nous dit que, chez les Germains, borner le nombre de ses enfants était un crime.

§ 1.

Les premières lois d'assistance infantile furent celles qui imposèrent au père le respect de la vie et de la liberté de son enfant. Sa liberté semble avoir été protégée d'assez bonne heure. En effet, le *mancipium* qui exprime la condition du fils vendu, n'est point, contre l'apparence, l'expression d'une brutalité législative, mais bien une amélioration de son sort. Auparavant la vente le faisait esclave réellement, et à toujours ; désormais, il n'est plus que *loco servi* ; c'est son travail, ses *operæ*

1. *Politique.* Ed. Barth. St-Hilaire. IV, 14.
2. Letronne. *Ac. des Insc.* VI, 186.

serviles qui sont vendus, non sa personne. Encore bien ne sont-ils pas aliénés à perpétuité ; mais pour un temps, passé lequel il redevient libre (1). L'enfant émancipé ne cessait pas d'être ingénu. Cette vente fut même proscrite par Constantin, sauf pour l'enfant qui vient de naître, en cas de misère extrême des parents. Longtemps avant, Caracalla la déclarait improbe et illicite.

Quant à sa vie intra-utérine, c'est seulement sous Septime-Sévère et Caracalla qu'elle fut l'objet d'une loi pénale (2). A ces dispositions, on peut joindre celles qui limitent la puissance paternelle envers l'enfant une fois né. Trajan déclare que le père qui maltraite son fils est forcé de l'émanciper (3). Adrien condamne un père à la déportation pour meurtre de son fils, coupable cependant d'une infamie domestique ; Constantin le frappe en pareil cas de la peine du parricide (4). Justinien déclare « *sui juris* » l'enfant exposé par son père (5) ; auparavant il devenait esclave de celui qui l'avait recueilli ; « n'échappant à la mort naturelle que par la mort civile. » (Naudet) Depuis Théodose et Valentinien, le père qui contraint sa fille à la prostitution est forcé de l'émanciper (6).

En tout cela, nous voyons des dispositions qui tiennent plus de la protection que de l'assistance et qui ne coûtent rien à l'État. Il ne s'inquiète pas encore de l'enfant né ou tombé dans la misère, pour l'entretenir et le nourrir au lieu de parents qu'il n'a plus, ou ne connaît pas, ou qui ne peuvent suffire à ses besoins.

1. Paul. V, § 1. Loi 1. *De liberali causâ.* VII, 18.
2. Orose. VII, 17 et suiv.— Humbert. *Dict. des ant. Grecq. et Lat.* V° *Abigere partum.*
3. D. 5. XXXVII, 12.
4. C. IX, 17.
5. (3. C. VIII, 52).
6. (6. XI, 40).

§ 2. — *Assistance alimentaire de Trajan.*

Ce grand devoir, en tant que charge nationale, un excellent prince le conçut, Nerva, et son fils Trajan le réalisa. L'institution qui sortit de la pensée du premier et des œuvres du second est une conception admirable autant par l'esprit qui l'a inspirée que par l'organisation qui l'a rendue féconde. Obscurément révélée par un passage de Pline (1), la découverte de plusieurs tables de bronze nous l'a fait parfaitement connaître.

Depuis longtemps, déjà, la bienfaisance privée s'était intéressée à l'enfance pour lui procurer des secours alimentaires jusqu'à la puberté. C'est seulement à partir de la onzième année que les enfants étaient inscrits sur les tables de l'annone et participaient aux secours frumentaires. Quelques hommes généreux essayèrent, dès Auguste, de suppléer à cet oubli de la loi. Une inscription nous apprend qu'un certain T. Helvius Basila fit un legs de cccɔɔɔ cccɔɔɔ ⊦ s (300.000 sesterces) pour fournir aux enfants Atinates du blé jusqu'à la puberté et leur donner ensuite et par tête une somme de 1000 ⊦ s (sesterces) 250 francs.

Voici deux inscriptions qui rapportent l'exemple d'une semblable générosité dont la seconde est de Pline le jeune.

> In memoriam macri fili sui
> Tarricinensibus ⊦ s ıнı reliqui
> Ut ex reditu ejus pecuniæ
> Darentur centum pueris

1. Pline. *Panégyrique.* 28.

Alimentorum nomine sing. mensib.

Sing. pueris Colonis V. puellis

Colonis sing. in mensib. v sing IIII (1).

Plinius... dedit in aliment. pueror. et puellar. pleb. orb. ꟷꟷꟷ. In tutelam bibliopolæ ꟷꟷ. c. (2).

Cette libéralité de Pline n'est pas la même que celle dont il est question dans sa lettre à Caninius : « Vous me consultez, lui dit-il, pour savoir comment vous pourrez assurer après vous la destination d'une somme que vous avez affectée à vos compatriotes pour des festins publics. Votre confiance m'honore ; mais le conseil n'est pas facile à donner. Compterez-vous le capital à l'État, il est à craindre qu'il n'en abuse. Donnerez-vous des biens-fonds, ils seront négligés comme propriétés publiques. Je ne vois rien de plus sûr que le moyen que j'ai pris pour moi-même. J'avais promis 500.000 sesterces pour assurer des aliments à des personnes libres. Je fis à l'agent du fisc la vente d'une terre dont la valeur dépassait 500.000 sesterces, je repris ensuite cette terre chargée envers l'État d'une rente annuelle et perpétuelle de 30.000 sesterces. Par là, le fonds donné à l'État ne court aucun risque, le revenu n'est point incertain et le bien rendant beaucoup plus que la rente dont il est chargé ne manquera jamais de maître qui prenne soin de le faire valoir (3). » C'est Nerva qui, le premier, étendit cette libéralité non-seulement à Rome, mais à l'Italie entière : « *Nerva pueros puellas que natas parentibus egestosis sumptu publico per Italiam ali jussit* (4). » Une pièce de monnaie nous rappelle cette

1. Henzen. Ann. 1845, § 3.
2. Vᵉ Texte : *De Tab. alim.* E. Desjardins. Thèse de doct. ès-lett. 1854.
3. Pline le J. Lettres. Liv. VII. Ep. 18.
4. Aurel. Vict. Epit. XII, 4.

belle institution. Elle représente Nerva, assis sur une chaise curule et tendant la main vers un jeune garçon et une jeune fille avec cette inscription : *Tutelæ Italiæ* (1).

Mais le plus grand mérite en revient à Trajan, qui se passionna pour elle. « En matière d'institution publique, celui-là qui exécute et organise peut à bon droit passer pour créateur. »

Deux monuments datent de son règne, l'inscription des Ligures-Bébiens (de 101) et l'inscription de Véléia qui est probablement de l'an 104.

« Voici, dit M. Desjardins, en quoi consistait l'Institution (2) : l'empereur prêtait à un faible intérêt (5 0/0 à Véléia, 2 1/2 pour cent dans la colonie des Ligures-Bébiens) un capital considérable à des propriétaires de telle ou telle cité. Ceux-ci, en retour, hypothéquaient leur domaine pour une valeur égale à la somme prêtée, ayant soin de déclarer les hypothèques antérieures et autres grèvements de leurs immeubles, et donnant en outre l'estimation d'ensemble et celle du détail des terres, afin que, cette valeur, étant de beaucoup supérieure à la portion hypothéquée, le capital de l'empereur fût toujours à

---

1. Eckel. VI, 407.

2. Ernest Desjardins. *Dictionn. des antiq. Grecq. et Rom.* P. 189. — M. Giraud donne le texte abrégé : *Novum juris Enchiridium.* — Suit la traduction du titre qui précède le premier de ces contrats. « Somme prêtée contre hypothèque sur fonds de terre (*obligatio prædiorum*) s'élevant à la somme de 1,044,000 sesterces par la libéralité de très-bon et très-grand prince empereur César, Nerva, Trajan, Auguste, Germanique, Dacique, pour que les garçons et les filles reçoivent des aliments, à savoir les garçons légitimes, au nombre de 240, à raison de 16 sesterces par mois, soit 47,040 sesterces par an ; les filles légitimes, au nombre de 34, à raison de 12 sesterces par mois = 4,896 sesterces par an. Un garçon illégitime recevra 144 sesterces par an ; une fille illégitime 120. La somme totale des rentes propre à l'alimentation de tous les enfants pauvres est donc de 52,000 sesterces, chiffre qui représente l'intérêt à 5 % du capital mentionné plus haut. »

couvert. Cela fait, les propriétaires versaient le revenu de la somme prêtée, non entre les mains de l'Empereur, mais dans la caisse municipale, pour qu'elle fût appliquée à l'entretien alimentaire des enfants pauvres des deux sexes. Exemple: dans la table de Véléia, Trajan prête 1 million 44 mille sesterces sur hypothèque à 51 propriétaires de fonds dont l'estimation n'est pas moindre de 13 ou 14 millions de sesterces. L'intérêt à 5 0/0 de la somme prêtée est de 52,200 sesterces. Cet intérêt est consacré à l'alimentation de 300 enfants pauvres, dont 263 garçons, 35 filles légitimes, 1 bâtard et une fille illégitime (1).

Le moyen employé consistait donc en une double opération combinée ingénieusement pour secourir la petite propriété, très-nombreuse sous Trajan, et assister les enfants indigents par un procédé juridique qui assurait l'avenir de l'œuvre contre les défaillances du bon vouloir impérial. L'intérêt habituel était, suivant Pline (Epist. X, 62), de 12 0/0 dans les provinces, « *duodenis assibus.* » En prêtant au taux bien modéré de 5 ou 2 1/2 pour cent, l'empereur rendait donc un immense service à l'agriculture. D'autre part, « la perpétuité de la garantie hypothécaire garantissait la perpétuité du bienfait impérial. » (Desjardins). De plus, le capital prêté étant toujours de 10 ou 12 fois inférieur à la valeur de la garantie foncière donnée par le prêteur en gage hypothécaire, l'empereur ne risquait pas de perdre la somme.

L'institution fut étendue à toute l'Italie, et probablement aux provinces. Pour en apprécier le bienfait, il faut connaître ce qui revenait à chaque enfant dans ces dis-

1. E. Desjardins. *Dict. des antiq.*, *loc. cit.*, p. 183-4.

tributions, et essayer de traduire ces secours en langue moderne pour savoir à quelle somme de besoins ils répondaient et pouvaient suffire. Les garçons recevaient par an (en prenant pour base de calcul la table de Véléia) 192 sesterces = 48 francs ; les filles 144 sesterces = 36 francs. Les enfants naturels avaient moins : les garçons 144 sesterces = 36 francs ; les filles 120 = 30 francs. Ces derniers sont fort peu nombreux ; notre inscription ne compte qu'un enfant et qu'une fille naturels. Il ne faut pas oublier que ces secours doivent être estimés à raison de la valeur relative des monnaies à cette époque et à la nôtre. Muratori pense que cette valeur était dix fois supérieure sous Trajan, de sorte qu'il faudrait multiplier tous les francs par ce nombre, par exemple, les enfants auraient dans cette hypothèse reçu, chacun, une somme équivalente à 480 francs de notre monnaie, par année. Cette évaluation me semble très-exagérée. On peut mieux s'en rendre compte en cherchant combien il fallait de sesterces pour acheter un *modius* de farine (8 litres 67) ou pour payer une livre romaine de pain de 316 grammes. Pline le Jeune donne pour prix moyen de la farine à son époque 40 as = 10 sesterces le *modius*, et ajoute que le *modius* fournissait de 26 à 27 livres romaines de pain. Pour 10 sesterces on avait alors 8,800 grammes de pain ; pour 192, (secours annuel) 188 kilog. = 403 grammes de pain par jour. (Voir Dureau de la Malle Ec. polit. des Rom. T. 1 p. 110. Duruy II. Rom. T. 4, p. 273). Ainsi les 500 grammes coûtaient alors environ 0,40 c. au lieu de 0,20 prix moyen du cours actuel. La différence est donc sensible, et le bienfait d'autant plus notable (1).

M. Desjardins, et après lui, M. Duruy, font remarquer

1. Pline J. XVIII. XX, 2.

que l'allocation « était calculée de manière à ne pas dis-
« penser la famille de ses devoirs ». (1). « Elle la soula-
« geait sans l'exonérer de ses obligations » (2). Aucune
institution plus ingénieuse n'a été imaginée chez les anciens, ni les modernes.

Quel en était le vrai caractère, le but principal ?

Il est difficile de contester qu'une idée de bienfaisance
présida à sa création ; nulle assistance à Rome ne fut
plus généreuse et plus désintéressée. Cependant il s'y
mêle aussi une idée politique qui altère un peu le mérite
du bienfait. Elle n'est pas égale pour tous ; les filles y
comptent pour un moindre nombre que les garçons, les
enfants naturels en sont presque totalement écartés. Ces
différences nous en relèvent l'esprit, que Pline à son tour
met en lumière (3). La sollicitude impériale, dit-il, s'est
étendue sur environ 5.000 *ingenus*. Ces enfants secourus par elle, seront un jour l'appui de la patrie dans la
guerre, son ornement pendant la paix.. » Il semble que
le prince voulait, avant tout, procurer des soldats à l'État
et encourager la population libre, la fécondité des mariages, en allégeant, pour les parents, la charge de l'éducation.

Mais n'insistons pas sur ce reproche. « Nos sociétés mo-
« dernes, travaillées du même mal que l'Empire romain,
« le prolétariat, n'ont encore rien imaginé d'aussi large
« et d'aussi habilement conçu que la loi alimentaire de
« Trajan, car elles n'ont, pour les enfants pauvres, qu'un
« petit nombre de salles d'asile et la gratuité trop res-
« treinte de l'École (4). »

1. Duruy. *loc. cit.*
2. *De Tab. alim.* Desj.
3. Pline J. *Panégy*; 28.
4. Duruy. *Hist. Romaine.* T. 4, 275.

B. 8

Administration. — L'importance considérable de cette institution ressort de l'organisation hiérarchique donnée à ses magistrats.

Dans chaque ville, au premier degré, on rencontre des *quæstores alimentorum,* charge qui fut confiée, dans les *municipes,* aux trésoriers de la caisse publique : *ærarium* ou *arca publica* (1). Cette charge était un grand honneur. On la voit remplie à Nomentum par un ancien dictateur, Valérius (2).

Le *quæstor* obéissait lui-même au *procurator alimentorum,* qui avait une vaste compétence et un grand service de surveillance (3). Sa juridiction s'étendait probablement sur une province entière. Au-dessus, on trouve les *curatores alimentarii* qui exerçaient, comme fonction normale, la curatelle des grandes voies publiques. Les titulaires étaient des *clarissimi viri* (sénateurs), anciens préteurs ou anciens consuls.

Enfin, au plus haut degré, sont les *Præfecti alimentorum* dont Borghesi affirme l'existence et décrit les fonctions. Ils avaient la mission de conclure, peut-être seulement par intermédiaires, les contrats par lesquels les propriétaires conféraient l'hypothèque sur leurs fonds. Eux seuls sont désignés dans la formule (4). Les *præfecti* ne se confondent pas avec les *curatores* qui pouvaient être de l'ordre équestre. Ce titre, dont on a douté, exista certainement sous Trajan. Ainsi on compte quatre rangs de fonctionnaires spéciaux ; questeurs, procurateurs, curateurs et préfets ; preuve d'une grande sollicitude pour ce service. Cette dignité suprême disparut après la mort de

1. Gruter. P. 1092, 7.— Maffei. Musée de Véronne, 230. Orelli 62.
2. Henzen. *De Tab. Ligur. Bœb. ann. del l'Inst.* 1845.
3. Gruter. Pag. 402, 4. 411, 1.— Kellermann. Pag. 14.
4. *Tab. velela.* Col. 2. L. 7.

Trajan ; et les fonctions du *præfectus* passèrent aux *cu-ratores viarum* (1) qui n'eurent pas le même rang *hono-rifique* que les anciens préfets.

L'institution, je l'ai déjà dit, fut établie dans toute l'Italie, ou du moins en beaucoup de lieux : témoins les nombreuses médailles, inscriptions, sculptures qui en rappellent l'existence. Ainsi sur les bas-reliefs de la colonne Trajane, on voit figuré Trajan vers qui s'approchent quatre femmes, la tête ceinte de couronnes murales et portant des enfants sur leurs épaules. Symbole de reconnaissance au nom de toutes les cités qui sentirent l'effet de la sollicitude impériale.

§ 3. — *Institution alimentaire depuis Trajan.*

Hadrien développa l'œuvre de bienfaisance : *pueris ac puellis incrementum liberalitatis adjecit* (2). Il confirma l'ancienne organisation et contribua puissamment à la perfectionner. Il décida que la pension alimentaire serait continuée aux garçons jusqu'à 18 ans, aux filles jusqu'à 14 (3).

Antonin, en l'honneur de sa femme Faustine, augmenta le nombre des filles assistées (4) *alimentarias Fausti-nianas*. Voici une inscription qui parle de lui : *Imp. Cœsari Divi Antonini Pii...... pueri et puellæ ali-mentarii Ficolentium* (5).

Marc-Aurèle poursuivit l'œuvre de ses prédécesseurs (6).

1. Orelli. 3933.
2. Spartien. Ch. VII.
3. Dig. XXXIV, I, 14.
4. Capit. 8.
5. Orelli. 8365.
6. J. Capit. Ch. II, VII, XXVI.

Il promulgua sa *Lex frumentaria* lorsque Lucilla sa fille épousa Lucius Vérus. Puis il institua *aliæ Faustinianæ* en mémoire de la jeune Faustine. Les particuliers imitaient parfois ces libéralités (1). Une certaine Matidia laisse en mourant *deciens* HS, 1,000,000 sesterces, pour que l'intérêt seul soit affecté à l'éducation de 1000 enfants, à raison de 50 sesterces par an pour chacun d'eux. *Cœlia Macrina* lègue un million de sesterces pour entretenir 100 enfants à Terracine (2). A Sicca, un citoyen donna à la ville 1,300,000 HS, pour que, avec l'intérêt 5 0/0 par an, on nourrit chaque année 300 garçons et 200 filles de 3 à 15 ans, choisis par les Duumvirs en exercice non-seulement dans les familles des *municipes*, mais aussi des *incolæ* établis dans la cité (Duruy, IIᵉ Rom. IV. 276). Chaque garçon recevait 2 deniers 1/2 par mois. Chaque fille 2 deniers, et la liste des assistés devait êtr. tenue au complet.

Après Marc-Aurèle les monuments deviennent rares. *Didius Julianus*, dit Spartien, *curam alimentorum in Italia meruit* (3). L'institution fut interrompue sous Pertinax, à cause de la misère du temps et de l'indigence du trésor ; après lui, elle fut rétablie. On la retrouve sous Septime-Sévère et Caracalla (4), sous Héliogabal (5). Alexandre Sévère institua *pueros puellas que Mummœanos* (*Lamprid*, 57). Beaucoup de médailles du ivᵉ siècle désignent encore l'assistance alimentaire par ces inscriptions: *Piet. aug. abundatia aug*. —L'institution semble avoir duré jusqu'à Dioclétien. « La décadence dut com-

1. Fronton. I, 13.
2. Borghesi, annoté par Rénier. T. IV, p. 263.
3. Spartien. Ch. II.
4. Orelli. 2167.
5. Borghesi. *Mém. de l'Inst*. Arch. I.290.

mencer au III° siècle, et ce bel établissement fut sans doute abandonné à l'époque de l'anarchie militaire, par suite de la dépréciation des terres (1). »

§ 4. — *Enfants assistés dans le Bas-Empire.*

Constantin établit une assistance au profit des enfants de parents pauvres, par les lois 1 et 2, du titre « *de alimentis* » (Code Théod.), édictées, la première pour l'Empire, la seconde pour les provinces. » Il faut, dit-il, (loi 1e) publier dans toutes les cités de l'Italie cette loi qui doit prévenir les infanticides. Je compte sur toi (*Ablavius*) si quelque père trop pauvre pour nourrir son enfant te le présente, pour lui fournir sans retard aliments et layette ; car le soin de l'enfant qui vient de naître exige toute célérité. Ne crains pas, quand il s'agit de cette bonne œuvre, de puiser à pleines mains dans le trésor public ou dans notre cassette. »

Voilà de belles et bonnes paroles qui devraient inspirer quelques remords à nos modernes gouvernements trop soucieux d'économiser le budget aux dépens de ces frêles existences. C'était la misère qui entretenait le déplorable usager de tuer, d'exposer les enfants, de les vendre ou de les donner en gage (Godefroy).

Sept ans plus tard, en 322, le même prince écrit à Ménandre : « nous avons appris que, dans les provinces, des parents, vaincus par la misère et poussés par le besoin,

---

1. Desjardins. *Dict. des antiquités Grecques et Romaines.* P. 184. — Le même. *Revue des Deux-Mondes*, 1874. Les Antonins, d'après l'Épigraphie. P. 631. Le fonds de cette étude est emprunté au remarquable travail de cet auteur (Thèse de doct. ès-lettres). — V^r aussi Hirchfeld. *Philologus.* T. 29.

vendent leurs enfants ou les donnent en gage. Toute personne qui, dénuée de ressources, ne pourra suffire à les élever doit être secourue. Je donne pouvoir aux proconsuls, aux présidents, aux maîtres des comptes dans toute l'Afrique, de fournir à tous ceux qu'ils sauront dans la misère, un secours suffisant et des bons de subsistance sur nos greniers publics. Notre conscience se révolte à la pensée que nous laisserions un homme mourir de faim ou commettre un crime abominable. »

Les pères de l'Église usaient de toute leur influence pour déraciner cette triste coutume, mais la misère avait plus d'ascendant que leurs exhortations. Aussi Lactance donnait aux pauvres gens, sous une forme un peu brutale, le conseil de ne pas faire ceux qu'ils étaient incapables de nourrir, et prêchait la continence comme moyen de prévenir le crime (*Institutiones.* L. 6. Ch. 20).

Section VI.

DE L'ASSISTANCE MÉDICALE GRATUITE A ROME ET A CONSTANTINOPLE.

Il est impossible de parler d'assistance sans songer à ceux qui en ont le plus besoin, les malades, et sans éveiller l'idée des secours des hommes de l'art. De nos jours, en France, cette assistance existe, mais n'est pas universelle. Elle s'exerce dans les hôpitaux et cliniques des villes, dans les campagnes par l'institution d'un service qu'il serait bien désirable de voir fonctionner dans tous les départements. Son organisation est à l'étude; en attendant la générosité des médecins, pharmaciens, etc., supplée, autant qu'elle peut, à la parcimonie du trésor.

L'antiquité n'a pas absolument ignoré ce mode de secours. Athènes avait des médecins publics. « Il est vraisemblable, dit M. Monnier, qu'Hippocrate occupait cet emploi (1). » A Rome il fut longtemps inconnu. « Le peuple qui faisait périr des milliers d'hommes dans d'atroces spectacles ne pouvait pas avoir le sentiment de la philantropie bien développé (2). » Les talents du médecin, qui était le plus souvent esclave, son maître se les réservait ou les exploitait à son profit. L'épigraphie nous montre aussi des médecins esclaves, affranchis ou libres attachés aux factions du cirque, c'est-à-dire, à des espèces

1. Monnier. *Hist. de l'assist. publique.* P. 82.
2. Dr Briau. *Assist. méd. chez les Rom.* 5.

de sociétés en commandite ou en participation se chargeant de toutes les fournitures à faire au compte des riches qui voulaient faire courir des chars (1). Les *ludi*, écoles ou casernes de gladiateurs, avaient également les leurs. Ils y dirigeaient les exercices hygiéniques des hommes qui se fortifiaient pour les combats de l'arène. Dans les amphithéâtres qui en étaient pourvus de même, ils intervenaient pour panser les blessures, et peut-être porter secours aux personnes indisposées (2). On en trouve qui servent à l'école des bestiaires. Les associations d'artisans qui devinrent si nombreuses ne manquèrent pas de s'attacher leur concours. Les inscriptions mentionnent fréquemment des noms de médecins parmi leurs membres, et sans doute la prestation de leurs services formait leur quote-part de contribution individuelle. Les indigents n'obtenaient de secours médicaux qu'en s'affiliant à un collége d'artisans. Mais il fallait payer pour en être (3).

Cette assistance n'a donc rien de gratuit. Quant aux gladiateurs, bestiaires, etc., le médecin les soignait comme le vétérinaire fait pour les animaux, qui, mesurant la dépense au profit, conseille de les abattre quand il en coûterait trop de les sauver. On en usait de même pour les gladiateurs, et on égorgeait dans les *spoliarium* ceux qui n'étaient point encore morts de leurs blessures (4).

Quelques villes, à l'exemple d'Athènes, avaient leurs médecins publics. Un certain Ulpius est désigné dans une inscription comme médecin salarié de la ville de Férentinum. Il est très-probable que les soins à fournir aux in-

1. Gruter. 340. — Briau. 18.
2. Gallien. T. V, ch. 9. — Briau. 31.
3. Briau. 79.
4. Sénèq. E. P. 91.
5. Briau. Pag. 100.

digents étaient le but de ce contrat. L'inscription est du
règne de Trajan ; mais, en définitive, jusqu'à cette
époque et même dans les siècles suivants, ni l'É-
tat, ni les municipes, ni les provinces ne se
croyaient tenus en aucune manière à l'assistance médicale
des indigents ; et dans l'admirable formule du serment
d'Hippocrate, parmi les devoirs du médecin, le soulagement du pauvre est complétement oublié. Il faut descendre jusqu'à l'époque où le christianisme gagne de proche
en proche les différentes classes de la société païenne pour
voir se répandre avec le sentiment de la charité, les
institutions de bienfaisance désintéressée.

Alors apparaît aussi l'ébauche d'un service médical
gratuit, dont l'organisation, localisée d'abord à Rome et
à Constantinople, semble s'être répandue dans un grand
nombre de villes, de colonies, de provinces.

Des médecins publics nommés « *Archiatri* » furent
institués par Valentinien en 368 probablement à l'insti-
gation du préfet de la ville Prætextatus, qui, passionné
pour le bien public signala son administration par une
foule de mesures administratives les mieux inspirées (Godefroy, C. Th, sur la l. 8 LXIII, t. 3).

La loi 8 du Code Théodosien (liv. 13, T. 8) nous
apprend le but de leur création. « Ils seront, dit-elle, in-
« demnisés par l'État, afin de s'employer honorablement
« au soulagement des pauvres, plutôt que de s'asservir
« honteusement à la clientèle des riches » ; reproche
qui à la différence, et à l'honneur de notre époque n'était
pas alors tout-à-fait immérité (1).

Le titre 3 contient un certain nombre de lois organiques

1. Amm. Marc. Liv. 14. Ch. 6.

sur leur nombre, leurs priviléges, leurs honoraires, leur remplacement.

Le nom « d'*Archiatri* » fut d'abord donné à certains médecins fonctionnaires dont les attributions sont mal définies. Andromaque le porta le premier. Ce titre fut ensuite réservé pendant longtemps aux médecins de la maison impériale. Au temps de Valentinien, nous rencontrons deux espèces d'*archiatri* : les *archiatri sancti palatii*, les *archiatri* sans autre qualification qui sont les médecins des pauvres.

Rome était divisée en quatorze quartiers (depuis Auguste) dont chacun reçut son médecin public des indigents. La loi 8 dit qu'elle ne comprend pas dans ce nombre ceux du Portus Xysti ni ceux des vestales. Un caprice d'érudition a voulu lire Partus au lieu de Portus ou plutôt Porticus, et voir dans ces personnages des médecins accoucheurs. Il s'agit simplement du Portique Xystus établissement analogue au *ludi* ou écoles de Gladiateurs. Quant aux vestales, elles devaient être, en cas de maladie, confiées aux soins de matrones de bonne renommée et recevaient probablement les services d'hommes de l'art désignés à la diligence du préfet de la ville qui avait envers elles charge de protection et droit de surveillance. Il paraît que Prœtextatus s'acquitta si bien de ses devoirs que les vestales se cotisèrent pour lui ériger une statue, démonstration un peu risquée pour des vierges, dit gravement Macrobe, qui raconte le fait (1). A Constantinople il y eut sept médecins des pauvres c'est-à-dire un par quartier. Ce nombre était tout-à-fait insuffisant comme celui de quatorze pour Rome (2).

1. Macrobe. Sat. 7, 11, 14.
2. Dion. 53. — V^r aussi Loi 10. *De exc. et vac. mum.* § 2. D.

En compensation de leur peine on les exonéra de toutes les charges publiques. Pour qui sait combien ces charges étaient dures il est aisé d'apprécier la grandeur de ce bienfait. Leurs femmes et leurs enfants partageaient ces immunités (1).

Comme traitement on leur alloua une annone, c'est-à-dire le droit de réclamer une certaine part dans les distributions de grains et de vivres. Ce genre d'honoraires un peu bizarre, attribué aussi à d'autres fonctionnaires, tels que par exemple les antiquaires de Constantin ou relieurs attachés aux bibliothèques et même aux vestales, etc., s'explique par la faculté pour le bénéficiaire de négocier ses bons de vivres qui équivalaient à l'argent comptant. C'était sans doute le préfet de la ville qui en réglait la quotité, ayant la haute main sur le corps médical.

Il leur était expressément défendu de rien recevoir des malades, ni de solliciter des engagements de leur part.

Leur élection n'appartenait dans les deux capitales ni aux *potentes*, ni au juge (peut-être le préteur ou le préfet de la ville). Les médecins des pauvres formaient un corps qui se recrutait lui-même par voie d'élection à la majorité des suffrages; disposition très-sage qui, à une époque où les examens n'existaient pas, laissait le choix aux hommes les plus compétents. Le nouvel élu n'entrait pas dans le rang honorifique de celui qu'il remplaçait, ce rang se réglait d'après l'ancienneté.

Dans les provinces, une foule de villes eurent bientôt leurs médecins publics. C'était le conseil des décurions, augmenté des principaux propriétaires qui nommait le mé-

1. D. *eod. loc.*

decin du lieu en vertu d'une compétence exceptionnelle. Il avait le droit de le révoquer (1).

Quant à l'assistance médicale hospitalière, à part les hôpitaux militaires (*supra*) elle fut ignorée des Romains qui n'eurent jamais d'hôpitaux civils. On ne peut appeler ainsi les établissements religieux connus sous le nom de *Asklépéions*. C'étaient des temples dédiés à Esculape et dont les prêtres s'occupaient du soin de guérir les malades par des évocations surnaturelles. Ils devinrent les écoles où se forma la science médicale. Un long séjour étant le plus souvent nécessaire, on construisait dans le temple, c'est-à-dire dans l'enceinte sacrée, des maisons « où il fût permis aux malades de mourir et aux femmes d'accoucher, » des bains, un théâtre, ainsi qu'Antonin le fit à Epidaure. On y réunissait tout ce qui pouvait rendre le séjour plus agréable, plus commode et hâter la guérison par le délassement de l'esprit et la pratique d'une bonne hygiène. Je n'ai pas à décrire le traitement qu'on imposait aux malades avant de les admettre à passer la nuit dans le sanctuaire pour entendre, pendant cette « incubation » de la bouche même du Dieu, la formule du remède qui devait les guérir. Aristophane a fait la parodie de cette consultation nocturne avec une verve aussi bouffonne qu'irrévérencieuse pour Esculape (2).

Quoi qu'il en soit, on ne peut voir là une fondation charitable. C'est, si l'on veut, une maison de santé dirigée par d'habiles thaumaturges, où sans doute, chacun devait payer son écot. Il était d'usage d'apporter sur

1. *De decr. ab. ord. fac.* D. Loi 1, loi 4, § 2.— Briau. *Dictionn. des ant. Gr. et Rom.* V° *Archiatri.*
2. Arist. Plutus. V. 354.

l'autel des offrandes que les prêtres « raflaient » pendant la nuit (1).

En somme, le service médical des derniers Romains n'est qu'une institution bien imparfaite, mais l'idée qui l'inspira est digne d'éloges. Elle est une conception déjà plus élevée de l'assistance, une véritable émanation de la charité. Elle s'intéresse au malade cloué dans son lit ; ce n'est pourtant pas lui qui trouble le repos public. A la haine du pauvre succède la pitié pour ses infortunes. Douze ans après, en 380, le premier hôpital ouvert à toutes les misères est institué. Sublime inspiration de la charité, et (n'en soyons pas jaloux) de la charité féminine.

1. Briau. *Dictionn. des ant. Grecq. et Rom.* V° *Asklepéion.*

TAXES DES DENRÉES ET LOIS DE MAXIMUM

L'ÉDIT DE DIOCLÉTIEN

Dès les premiers siècles de la République, l'État que préoccupait déjà la question des subsistances de Rome et l'alimentation du peuple à bon marché, essaya de modérer la cherté des denrées par des mesures arbitraires qui défendaient de les vendre au-delà d'un certain prix. On sait que les Édiles avaient, parmi leurs nombreuses attributions, celle qu'on appelait la *cura annonæ* (1). En cette qualité, ils faisaient la police du marché et veillaient à ce qu'il fût bien pourvu d'approvisionnements. L'autorité publique, dépourvue des saines notions d'économie politique, se croyait le droit, pour mieux assurer le service des subsistances, de violer la liberté des conventions, chaque fois qu'elle redoutait le péril d'une famine. Les édiles fixaient alors le prix des objets de première nécessité et pesaient sur les particuliers pour les forcer à vendre. Ils faisaient des réquisitions de grains dans les circonstances graves, ne laissant à chacun que ce qu'il lui fallait pour sa subsistance, établissaient un maximum par voie d'é-

1. Humbert, *Dict. des ant. Grecq. et Rom.* V° *Ædiles Willems.*

dit (1), prononçaient des amendes contre les spéculateurs pour accaparement, et contre les auteurs de toute espèce de manœuvre tendant à surélever le prix des denrées, sans trop distinguer entre la coalition des détenteurs et les spéculations moins blâmables (2).

Nous savons aussi comment la loi des XII Tables d'abord, puis quelques lois subséquentes, fixèrent un maximum à l'usure, et, bientôt même l'abolirent complétement, et quel fut l'effet déplorable de ces dispositions restrictives qui ne firent que rendre plus dure la condition des débiteurs.

En ce qui concerne le commerce des grains, la peine avait suivi de près la faute, et Tite-Live avoue lui-même l'impuissance ou plutôt la puissance malfaisante des règlements vexatoires. Cependant l'Empire reçut de la République ce legs d'intolérance législative ; il en usa comme elle sans plus de succès.

Ainsi Tibère voulut que le sénat réglât tous les ans le prix des denrées (3).

On punissait extraordinairement ceux qui faisaient enchérir le blé. Les rescrits et les ordonnances des princes ont pourvu, dit Ulpien (4) à ceux qui spéculaient sur le blé et le faisaient hausser de prix ; les *Dardanarii* sont surtout coutumiers du fait. Ils ont ordonné de veiller à ce qu'ils cessassent d'en acheter pour les faire disparaître du commerce, et à ce que les cultivateurs riches ne cessassent pas de vendre les leurs à un juste prix, et ne les gardassent pas, en prévision d'une moindre récolte qui les ferait

1. Tit.-Liv. IV, 2, 3, 12. X, 11. 26. — Pline H. N. XVIII, 4, Tit.-Liv. XXI, 4, 50. XXXIII, 42. XXXVIII, 25. Plaute Rudens, II, 3, 42.
2. Humbert, *loc. cit.*
3. Suét. Tib. Tac. A. II, 87.
4. Ulpien. *De extr. ord. crimin.* D. XLVII, 14, loi 6.

enchérir. Quant à la peine, elle varie; le plus souvent, s'ils sont négociants, on leur interdit seulement le commerce; parfois ils sont relégués dans une île, les petites gens sont condamnés aux travaux publics.

On semblait craindre une espèce de conspiration des propriétaires, un pacte de famine, comme si l'intérêt personnel ne suffisait pas pour les déterminer à vendre. Ces appréhensions qui seraient absurdes aujourd'hui, s'expliquent en partie si l'on veut bien songer à l'état de la propriété foncière, qui ... it, pour la plus grande part, concentrée en un petit nombre de mains.

A côté de ces pénalités regrettables, on en trouve d'autres qui ont leur place marquée dans le Code Pénal de tous les peuples : par exemple, contre ceux qui surélèvent le prix des choses à l'aide de faux poids et de balances voleuses (1).

Mais la tentative la plus audacieuse pour arrêter le renchérissement des choses dans l'Empire est celle de Dioclétien, que nous connaissons par la fameuse inscription de Stratonice (2).

Cette inscription a été découverte par fragments dans les ruines de différentes villes de l'Asie-Mineure, de la Grèce, de l'Egypte, par MM. Sherard, Le Bas, Lenormant, Mommsen. Elle est écrite tantôt en langue latine, tantôt en langue grecque, suivant la diversité des fragments. Le texte grec est une mauvaise traduction de l'original, pleine d'incorrections et de fautes, faite, sur ordre, par les municipalités. Elle est, dit M. Waddington, pour l'exactitude ce que serait la traduction de quelque

1. *Eod. tit.* Loi 6, §§ 1, 2.
2. V^r sur l'édit. de Dioclétien, sur le maximum, le remarquable travail de M. Waddington. Dureau de la Malle. *Ec. pol. des Rom.* T. 1er, ch. XII, XIII; — Mommsen. *Das Edict. Diocletians.* Leipz. 1851.

loi faite du français en bas-breton par le maire de quelque commune de Bretagne. Aussi sa restitution, fort difficile, et les commentaires qui l'accompagnent sont, au dire des meilleurs juges, une des œuvres les plus remarquables de l'érudition française.

Elle contient une liste infinie de choses dont elle taxe la valeur maxima. L'unité monétaire qui sert à fixer cette valeur est le denarius, représenté par la lettre X barrée au milieu et transversalement. Il serait fort intéressant de savoir la somme qu'il peut représenter en monnaie actuelle, mais cette évaluation ne peut être faite exactement pour plusieurs causes ; d'abord il s'agit non pas du denarius d'argent, mais du denarius de cuivre dérivé de l'autre par des altérations successives, et l'on ignore le rapport de la monnaie de cuivre à la monnaie d'argent dans le système de Justinien. D'autre part, ce rapport fût-il connu, il serait fort difficile d'estimer la valeur comparative de l'or ou du cuivre à cette époque et à la nôtre. Le prix du blé qui sert, comme unité de valeur la moins variable, à déterminer ce rapport manque par malheur dans l'inscription. Pour traduire le denarius en monnaie française on est réduit aux conjectures. Sans entrer dans la savante discussion de notre auteur à ce sujet, je me contenterai de citer quelques-uns des objets tarifés avec l'indication des prix qu'il en donne.

		F.	C.			F.	C.
Seigle	hectolitre.	21	55	Un lièvre		9	30
Avoine	»	10	50	Un lapin.		2	48
Vin ordinaire	»		92	Huîtres, le cent.		6	20
Huile ordinaire	»	1	38	Œufs, le cent.		6	20
Viande de porc (kil)		2	28	A l'ouvrier de campagne			
— de bœuf	»	1	52	nourri par jour.		1	35
— de mouton et chèvre		1	52	Au maçon charpentier pour-			
Lard 1re qualité	»	3	04	ri par jour.		3	10
Une paire de poulets.		3	72	Au peint, en bâtim,	»	4	60
— canards.		2	48	Au berger, par jour.		1	20

B.   9

	F.	C.		F.	C.
Au barbier, par personne.	0	15	Souliers de muletiers ou		
Au maître de lecture par			de paysan sans clous. .	7	44
enfant et par mois. . .	3	10	Bride de cheval avec mors.	6	20
Au maît. de calcul par mois.	4	65	Outre pour l'huile.	6	20
Au maît. d'écrit. »	3	10	Un bat d'âne.	15	20
— de gramm. »	12	40	— de cheval.	21	70
Au rhéteur ou sophiste » .	15	50	Un peigne de buis. . . .		87
A l'avocat. pour une requête	12	40	Au garçon de bain, etc. .		12
Pour l'obtention d'un jugem.	62		etc., etc.		

Ces citations donnent une notion suffisante de l'inscription et permettent d'apprécier avec certitude la valeur relatives des choses. Le détail des objets est immense. Rien ou presque rien n'est oublié. On ne peut s'empêcher de sourire en voyant la sollicitude du législateur descendre jusqu'à régler le prix d'une barbe, d'un peigne, le salaire du garçon de bain, la valeur d'une saignée ou d'une purgation.

Le tarif de chaque chose était uniforme, et devait être appliqué dans tout l'Empire. L'édit fut, en effet, promulgué au nom des deux Césars et des deux Augustes. Il est à croire, cependant, qu'il ne fut publié que dans l'empire d'Orient ; tous les pays d'où proviennent les fragments de ce texte étaient placés sous la main de Dioclétien.

On peut remarquer, dans l'inscription, la différence de salaire entre le berger et l'ouvrier des villes, maçon, peintre, etc. Elle était assez forte, dit M. Wadington, pour produire dans l'Empire romain l'effet qu'elle doit toujours avoir au sein d'une société arrivée à un haut degré de civilisation, faire délaisser les campagnes par les villes, et la culture de la terre pour les métiers lucratifs en apparence, souvent plus pénibles... et elle dénote un abandon de l'agriculture inquiétant. On sait comment l'autorité essaya d'y remédier par des transplantations de Barbares et en s'efforçant de maintenir chaque individu dans la profession de son père.

Quel était donc le but de Dioclétien en promulguant cet édit bizarre qui, probablement, ne fut jamais exécuté?

Il nous l'apprend lui-même dans le dispositif qui le précède : « Parce que la fureur du gain ne connaît de frein que la nécessité, et que ceux auxquels l'extrémité de la misère a fait sentir leur misérable condition ne peuvent plus s'en affranchir, il convient à nous, qui sommes les pères du genre humain, de mettre fin à un état de choses aussi intolérable par une loi, et nous apportons le remède réclamé depuis longtemps sans nous soucier des plaintes qu'excitera notre intervention chez les mauvais citoyens qui, tout en sentant que notre long silence leur commandait la modération, n'ont pas voulu en tenir compte. Chacun sait par sa propre expérience que les objets de commerce et les denrées qui sont vendues journellement ont atteint des prix considérables, que la passion effrénée du gain n'est plus modérée ni par la quantité des importations, ni par l'abondance des récoltes. Nous devons supprimer cet état de choses, afin que la nature du remède soit mieux comprise, et que ces hommes sans pudeur soient forcés de reconnaître leur insatiable avarice. »

On croirait entendre le langage de Philippe-le-Bel ou celui des législateurs de la Convention. Dioclétien se plaint surtout « de ce que les armées envoyées dans les provinces sont exploitées jusque dans les bourgades et sur les routes par l'esprit de pillage qui fait monter le prix des denrées non-seulement au quadruple ou à l'occuple, mais à un prix qui dépasse toutes les bornes. « Par l'accaparement de telle ou telle denrée, le soldat a quelquefois perdu sa paie et le bénéfice de nos largesses, de sorte que l'effort du monde entier, pour maintenir l'armée, doit céder devant les détestables gains de quelques pillards. Nous

voulons donc, dit-il, que le tarif annexé à cet édit soit
observé par tout l'Empire et que chacun comprenne que la
faculté de le dépasser lui est enlevée... » puis il prononce
des menaces contre les accapareurs.

Voilà certes, une prétention bien insensée que celle de
régler uniformément, dans tout l'Empire, le taux maximum de toutes choses. On serait tenté de la prendre
pour l'œuvre d'un esprit en délire si on ne connaissait les
aptitudes remarquables de son auteur, qui signala son
administration par les plus sages et les plus utiles réformes. Lactance lui impute toutes les causes de la cherté
de vivre : « Mais, dit M. Waddington, cet auteur tient le
langage de la haine » et les fautes qu'il lui reproche sont
précisément des mesures qui l'honorent. « Les causes
« qui minaient alors la prospérité de l'Empire étaient
« plus profondes ; les unes dataient de loin, comme l'im-
« mense extension qu'avaient prise l'esclavage, l'extinction
« graduelle de toute liberté municipale ; les autres étaient
« plus récentes, comme l'absence d'hérédité dans le pou-
« voir (1) enfin et surtout l'altération effrénée de la mon-
« naie. Celle d'argent disparut complétement pour faire
« place à une monnaie de cuivre, revêtue d'une feuille
« d'étain qui avait été émise en masses énormes par les
« derniers empereurs. Dioclétien le premier, fit, après un
« long intervalle, frapper une monnaie d'argent pur ; et
« ce fait suffirait seul à prouver qu'il ne mérite pas tous
« les reproches de Lactance. » (Waddington, *Ouvrage
cité*).

1. *Id.* De Valroger, à son cours.

APPENDICE

LE MAXIMUM SOUS PHILIPPE-LE-BEL ET SOUS LA CONVENTION.

Cette folle tentative de Dioclétien a eu des imitateurs en France. Je ne veux citer que deux expériences analogues, l'une de 1304 sous Philippe-le-Bel, l'autre plus célèbre, qui date seulement de notre dernière Révolution (19 août, 11 et 29 sept. 1 nov. 1793, 24 févr, 1794). Il est curieux de voir à dix-sept siècles de distance, et malgré les progrès de la science économique, des législateurs tomber dans les mêmes errements, et fâcheux de constater combien sont vains, parfois, les enseignements de l'histoire dont la connaissance exacte préserverait les gouvernements de plus d'une folie (1).

En 1304 à l'approche d'une disette, Philippe-le-Bel promulguait une ordonnance de maximum qui défendait à quiconque, sous peine de confiscation des biens, de vendre le setier de meilleur froment, mesure de Paris, plus de quarante sous parisis; le setier de blé de qualité inférieure en proportion. Le setier des meilleures fèves et du meilleur orge devait être vendu trente sols, le setier du meilleur son dix sols. Quiconque avait plus de blé

1. Blanqui. *Hist. de l'Ec. politique.* Pag. 216 et suiv. Il rapporte le texte de l'édit de Philippe-le-Bel et l'exposé des motifs de Coupé, présenté à la Convention au nom du comité de subsistances. Garnier. *Dictionn. d'Economie politique* de Guillaumin et Coquelin. Vᵒ Maximum.

que ne le comportaient les besoins de sa provision et de
ses semailles devait l'envoyer au marché, et si, après la
proclamation faite, il s'en trouvait chez quelques personnes au-delà de la quantité nécessaire, tout était confisqué.

Qu'arrivera-t-il de cette mesure ? On le suppose : ce
qui arrivera lors de la famine décrite par Tite-Live, et si
maladroitement combattue par des rigueurs absolument
pareilles. Les marchés furent bientôt déserts et la disette
augmenta. « Son infraction aux lois éternelles, du négoce
« ne tarda point à aggraver le mal qu'elles avaient pour
« but de prévenir, et il se vit obligé de révoquer, presque
« aussitôt après l'avoir rendue, l'ordonnance de maxi-
« mum » (Blanqui). « Nous espérions, dit-il, que plus
grand allégement et plus grande pourvéance dût venir à
notre peuple, ce que encore n'est fait.... Et avons ordonné
que quiconque de notre royaume aura du grain susdit,
il le puisse vendre au marché et le donner pour tel prix
comme il en pourra avoir. Et voulons et commandons
que sûrement et paisiblement on puisse venir au marché
sans craindre pour chevaux et charettes. »

Ce prince trouva là leçon si bien faite et la liberté si
bonne, qu'il affranchit bientôt après les consommateurs
du monopole des boulangers.

En 1793 éclate la disette. Depuis deux siècles, elle
faisait des ravages inouïs, on ne s'étonnera pas de la
fréquence de ce fléau si l'on sait l'état de désolation où
les prodigalités royales, les guerres folles, les abus de la
plus inique fiscalité avaient réduit l'agriculture (1). La
Convention crut pouvoir arrêter le renchérissement crois-

1: Vᵉ Taine. *Origines de la France mod.* Pag. 489 et suiv. 531.

sant des grains et des denrées à coup de décrets et de ré-
glements, et maîtriser la loi de l'offre et de la demande.
« La loi que je présente au nom du comité des subsis-
« tances, disait Coupé de l'Oise, est attendue avec la
« plus grande impatience, et la malveillance, la capacité,
« combinant leurs opérations détestables avec celles de
« nos ennemis du dehors ne nous permettait pas de la
« différer. »

Le 19 août 1793, la Convention décrétait que les di-
rectoires des départements étaient autorisés à fixer le
maximum des bois de chauffage, de charbon, de tourbe,
de houille ; le 11 septembre, elle fixait un maximum
pour les prix des grains, des farines, des fourrages ; le
29 septembre elle étendait la mesure à tous autres objets
de première nécessité dans l'ordre suivant : viande fraî-
che, viande salée, lard, beurre, huile douce, bétail,
poisson salé, vin, eau-de-vie, vinaigre, cidre, bière, bois
à brûler, charbon de terre, chandelle, huile à brûler, sel,
soude, savon, potasse, sucre, miel, papier blanc, cuirs,
fers, fontes, plomb, acier, cuivre, etc., etc. La loi fixait
aussi un maximum pour les gages, les salaires, la main-
d'œuvre, la journée de travail. Le prix des objets de consommation était réglé suivant la valeur qu'avait chacun
d'eux en 1790, d'après les mercuriales, plus un tiers en
sus, déduction faite des droits fiscaux qu'ils supportaient
alors. Le maximum des salaires était fixé par les conseils
généraux des communes, pour l'année, au même taux
qu'en 1790, plus un tiers en sus.

Pour rendre moins inique l'application de la loi, on
décida que la fixation ne serait pas uniforme pour chaque
chose, et dans toute la France, mais qu'on tiendrait
compte de la valeur relative des objets dans les lieux de

production, et de la plus-value résultant des dépenses du transport, de la fabrique ou du lieu de production aux endroits où ils devaient être vendus, (décret du 11 brumaire an II, 1 nov. 1793). La commission des subsistances était chargée de dresser ce tarif proportionnel. Le décret fixait le prix du transport, le bénéfice du marchand en gros (5 0/0) le bénéfice du détaillant (10 0/0). L'article 4 promettait un secours aux marchands qu'auraient ruinés l'application de la loi ; l'article 8 déclarait suspects tous les fabricants ou marchands en gros qui, depuis la loi, cesseraient leur commerce.

On ne peut imaginer une plus chimérique tentative. Le rapporteur lui-même laisse entendre qu'il désespérait du succès. « Nous en avons senti toutes les difficultés et l'étendue, elle a paru même effrayer certains de nos collègues: nous ne sommes restés qu'un petit nombre, soutenus moins par la confiance de nos forces que par notre bonne volonté. » Plus loin il ajoutait : « quand, en temps ordinaire, un gouvernement veut intervenir dans le prix des choses, il ne rencontre jamais juste, il risque toujours d'altérer la valeur naturelle. « Ils s'engagèrent cependant dans ce dédale inextricable » alléguant pour justifier cette intempérance législative la malveillance, la perfidie, les fureurs sans exemple, qui se réunissaient pour rompre l'équilibre naturel, pour affamer et dépouiller le peuple.

Les auteurs de ces mesures malheureuses ne comprenaient pas que la misère publique était le triste legs de la monarchie déchue. Ils voyaient partout des accapareurs conspirant pour réduire les révolutionnaires par la faim. Peut-être y en eut-il ; je dirai même que c'est probable. Mais si la subsistance manquait, ce n'est point parce que quelques mauvais citoyens retenaient à dessein quelques épis dans leur grenier, mais parce que la terre ne rendait pas de quoi suffire à l'alimentation de tous. La connivence des priviléges nobles ou ecclésiastiques et des intolérables exactions du fisc qui arrachait au laboureur la totalité de ses bénéfices, lui avait fait abandonner la culture du sol dont les gains ne profitaient qu'à ses oppresseurs. Il n'y avait, pour conjurer la famine, d'autres moyens que les importations de grains. Mais comment les payer quand la France avait quatorze armées à nourrir ? Où et comment les acheter et les faire venir quand l'Europe coalisée interceptait sur terre et sur mer tous les convois ? Les réformes nouvelles n'avaient point encore eu le temps de produire leurs fruits. Mais la faim n'est pas patiente, dans les grandes villes, elle engendrait l'émeute ; elle explique plus d'une des tristes pages de cette grande Révolution (1). Dans les campagnes, depuis un siècle et demi la famine régnait en permanence. De 1690 à 1715 elle avait fait six millions de victimes (2). L'histoire des trois dernières royautés du XVIII° siècle n'est qu'un obscur et terrible martyrologue de paysans.

Le comité des subsistances présenta le résultat de son immense enquête sous forme de nombreux tableaux qui furent imprimés et réunis en trois volumes in-8°, et le décret du 6 ventôse an II en ordonna l'application. Mais bientôt la Convention reconnut son erreur et le décret du 24 décembre 1794 supprima toutes les lois relatives au *maximum*. Il est fâcheux de constater qu'il n'est point encore complétement banni de nos lois.

1. Michelet. *Hist. du Direct. et des Bonapartes*. Préface et passim.
2. Taine. *Les origines de la France contemp.* Liv. V, 430.

INSTITUTIONS CHARITABLES DE ROME

ET DU BAS-EMPIRE

Sociétés charitables. — Bureaux de bienfaisance.
Fondations. — Hospices, etc.

La charité était entrée dans les mœurs romaines avec le Christianisme. A peine entrevue et comprise autrefois par quelques âmes d'élite, cette vertu nouvelle avait, dans une rapide et généreuse contagion, gagné de proche en proche toutes les classes du peuple. Elle signala ses débuts par une transformation remarquable des sociétés qui pullulaient dans l'Empire, et qui devinrent, grâce à elle, des associations charitables dans toute la vérité de l'expression. Sa doctrine avait rencontré, dans ces colléges ou sodalités les cadres d'une organisation facile. Elle en profita pour se développer et n'eut pas de peine à convertir à elle-même cette plèbe misérable d'affranchis et d'esclaves en lui parlant le langage de la compassion. La secte juive, comme on l'appelait, se multipliait partout, profitant de la tolérance du pouvoir qui laissait dormir les lois prohibitives des associations non autorisées. On sait qu'il se réveilla par trois fois de son indifférence, et fit durement expier aux premiers néophytes la peine de contraventions, qu'il dédaignait de remarquer et punir ailleurs. La religion nouvelle, mise en suspicion, se contentait de réclamer pour elle l'égalité dans la tolérance (1), et essayait de se justifier par son attachement aux lois de l'État, et par ses bienfaits qui lui faisaient de redoutables jalousies.

« Pourquoi nous reposer, dit Julien, comme s'il n'y avait plus rien à faire? que ne tournons-nous les yeux vers ce qui a grandi la secte des chrétiens, c'est-à-dire, leur bienveillance envers les voyageurs, les soins qu'ils donnent à la sépulture des morts et la pureté qu'ils simulent? Je pense que nous devons en vérité suivre ces exemples.... Faites-donc élever dans toutes nos cités de la Galatie des hospices pour les voyageurs, afin que dorénavant tous jouissent de notre libéralité, non-seulement ceux qui professent notre religion, mais encore les autres qui sont tombés dans le dénûment. Car tandis qu'aucun juif ne mendie, et que les Galiléens sacriléges nourrissent leurs pauvres et les nôtres, il serait vraiment honteux que nos proches soient abandonnés par nous qui devrions les secourir (2). »

L'égoïsme antique est pris d'un tardif remords, et se trouble en présence de cette vertu dont l'ascendant les subjugue. On s'expliquera cette mystérieuse force d'expansion en écoutant ces paroles de Tertullien : « Notre trésor, dit-il, quand nous en avons un, n'est pas formé par les sommes que versent des ambitieux qui veulent obtenir des honneurs funèbres (service perpétuel, etc.) et ce n'est pas en mettant notre religion aux enchères

1. Boissier. *Revue des Deux-Mondes*. Avril 1876.
2. *Ad Arsacium pontif. Gal.* Ep. XLIX.

que nous le remplissons. Chacun apporte sa cotisation modique. Il paie s'il veut, quand il veut, ou plutôt quand il peut. Personne n'est forcé de rien verser ; les contributions sont volontaires.

Nous regardons cet argent comme un dépôt, nous ne le dépensons pas à manger et à boire ; nous nous gardons de l'employer à d'indécentes orgies. Il sert à donner du pain aux pauvres, à les ensevelir, à élever les orphelins des deux sexes, à secourir les vieillards. » Quelle différence entre ces sociétés et les anciennes « associations de gens qui dînent ensemble », comme ils aimaient parfois à s'appeler !

Partout l'aumône était prêchée, recommandée comme une rançon de l'âme, une condition du salut. On alla même jusqu'à exhorter les fidèles au dépouillement complet de leurs biens entre les mains des évêques, dispensateurs du fonds commun. L'Église naissante tombait dans l'exagération ; il est permis de critiquer l'excès de son zèle charitable quand on voit ses orateurs réclamer de chacun en proportion du nombre de ses enfants sous prétexte qu'il a plus d'âmes à sauver, et que, peut-être ses descendants mésuseront de ses biens ; ou quand ils comparent la propriété individuelle au vol et à l'homicide. Ces exagérations n'allaient à rien moins qu'à ébranler le droit de propriété pour établir entre les hommes un communisme au sein duquel ils n'auraient trouvé, tous, que l'égalité dans la misère. Saint Augustin était mieux inspiré quand il conseillait seulement aux riches de s'imposer une taxe fixe et arrêtée sur le revenu annuel de leurs terres ou leurs gains journaliers (1).

---

1. Enarr. *In Ps.* CXLVI. Ch. 17.

Ainsi les aumônes affluaient entre les mains des évêques qui les dispensaient à leur tour en bonnes œuvres. « Le trésor des aumônes, dit Tertullien, est employé à soulager les orphelins sans fortune, les serviteurs chargés d'années, les naufragés, ainsi que les chrétiens condamnés pour la cause de Dieu (1). Les pères ne cessaient de recommander le discernement dans la charité, d'écarter par une aumône discrète, la bruyante importunité des plaintes des vagabonds, et de réserver la charité fraternelle pour ceux qui avaient appris à supporter avec patience les épreuves de l'adversité (2).

Alors pour assurer la bonne répartition des aumônes furent établis les diacres et diaconies, espèces de bureaux de bienfaisance dont les membres devaient visiter les malades et les prisonniers, donner asile aux étrangers, garder le trésor des indigents, dresser la liste des pauvres en mentionnant l'âge, la profession, les besoins de chacun (3). Ainsi l'assistance se développait sur les bases d'une organisation rationnelle et féconde, en prenant les proportions et le caractère d'un grand service public exercé sous la haute direction des évêques par les diaconies et les collèges religieux.

Une institution juridique assez ancienne aida puissamment au succès de l'œuvre ; je veux parler des fondations. On entend par là l'affectation de biens à une œuvre perpétuelle et pieuse coïncidant avec la création d'une personne morale indépendante qui en devient détentrice, et qui est investie de tous les droits et pouvoirs nécessaires pour les

1. Apolog. 39.
2. St Basile. IV, 5. *De Eleem.* — St Ambr. *De off. min.* II, ch. X, 16.
3. St Cyprien. Ep. XXXVIII.

conserver, les administrer, les développer, les appliquer à leur destination (1). « *Piæ causæ* » a d'abord désigné le but (2), puis l'institution de bienfaisance.

L'idée de ces fondations s'était depuis longtemps acclimatée dans la jurisprudence, sous l'empire d'un double intérêt : celui d'assurer à une collection déterminée ou déterminable d'individus le profit d'une libéralité qui, d'après les lois anciennes, ne pouvait leur être acquis ; et celui d'appeler à perpétuité ou pendant un temps plus ou moins long les générations successives au partage du même bienfait.

On s'était demandé pourquoi le législateur ne procurerait pas l'exécution d'une disposition généreuse, et la laisserait devenir caduque uniquement parce qu'au lieu de s'adresser à telles personnes désignées, elle s'étendait à un groupe d'individus innomés ; pourquoi il ne serait pas permis et possible à un bienfaiteur de planter un ombrage pour les générations de pauvres à venir. L'ambition ouvrit la route où la charité devait se donner carrière. Les candidats donnèrent aux villes, pour obtenir les magistratures ou des honneurs posthumes ; les dévots fondaient un service perpétuel de ripaille pour le repos de leur âme. La jurisprudence et les empereurs finirent par valider ces libéralités bien que faites à des personnes plus ou moins incertaines. Pline nous dit qu'on ne pouvait, de son temps, instituer la République héritière ou légataire par préciput (3). Nous savons le détour qu'il fut obligé de prendre pour établir une espèce de fondation. Ulpien dit la même chose (4).

1. V⁣ʳ Goudsmit, Leide. — Tr. fr. — Durand et Pedone-Lauriel, 1873.
2. Loi 19. C. 1, 2.
3. Ep. V, 7.
4. T. 24. *De leg.* § 18. Fr.

Mais ce dernier nous apprend lui-même qu'un droit nouveau fut introduit par Nerva, et confirmé par Hadrien (1). La faculté d'acquérir par legs fut étendue par Antonin aux villages et collèges licites qui en profitèrent largement (2). Ainsi se complétait la personnalité des villes et des collèges ; l'idée de fondation faisait son chemin. Bientôt apparaît dans ces largesses un but philantropique. « Tout legs aux villes, dit Marcien, sera valable, soit que l'objet doive en être distribué ; soit qu'il soit destiné à des ouvrages publics, ou à la nourriture et à l'entretien des enfants (3). » Ce dernier but nécessite pour les choses données ou léguées, la permanence d'affection. Déjà le mobile des largesses privées s'épure et s'anoblit. N'est-ce pas une pensée vraiment charitable qui éclaire cette belle maxime du jurisconsulte Paul : « La manière la plus honorable est de léguer aux infirmes, aux vieillards, aux enfants. » *Hoc amplius quod alimenta infirmœ œtatis, puta senioribus, vel pueris puellisque relictum fuerit, ad honorem civitatis pertinere respondetur* (4). »

Quant à la foule éparse des pauvres, n'ayant entre eux rien de commun que leur indigence, ils ne pouvaient encore rien recevoir. Valentinien le leur permit (5) et statua que les legs faits directement aux pauvres ne seraient pas censés faits à des personnes incertaines, et seraient toujours confirmés ; de même ceux en faveur des captifs ; et en général pour toutes causes pies, bien que le testateur n'eût point dit qu'ils seraient personnellement

---

1. *Eod.* § 28.
2. 117, 122. D. *De leg.* 1.
3. Martien. 117. D. XXX. *De legat.*
4. Paul. L. 122. *De legat.* D.
5. 24. C. I. 3.

payés (1), par exemple s'il avait ordonné de bâtir un hôpital ou un oratoire.

De toutes ces dispositions se dégage et se pose nettement l'idée de la fondation telle que nous l'avons définie; les obstacles à sa naissance avaient été successivement écartés. Désormais, chaque infortune, ou, plus généralement, la misère, constitue entre ceux qui la subissent un lien suffisant pour les unir dans le profit d'une libéralité formulée sans indication de personnes. Cette libéralité, elle-même qui, subitement épuisée, ne soulagerait que les souffrances du moment, va pouvoir, une fois mise en réserve et sagement ménagée, rayonner dans l'avenir, source intarissable de consolation pour les malheureux. Ainsi, destination charitable d'une libéralité, affectation permanente des biens données à cette œuvre, tels sont bien les caractères de la fondation. Elle suppose nécessairement l'existence d'un être perpétuel qui soit l'économe et le gardien de ce pieux trésor. Cette qualité ne peut se rencontrer que dans une personne juridique. Il en existait déjà quelques-unes, les colléges, l'Église. C'est à elles que les lois confiaient la garde des biens quand le testateur ne s'était pas expliqué. Elles indiquaient celle qui devait les recevoir et les appliquer à l'œuvre. Mais cette personne morale que la fondation eût nécessairement créée si elle n'existait déjà, n'était que dépositaire et non propriétaire de ses biens. Ils appartenaient, non pas à ses administrateurs, mais aux indigents, aux captifs, aux malades présents et à venir. Le droit de toutes les générations à l'infini et de tous leurs pauvres excluait la possibilité d'une appropriation, par qui que ce fût, du patrimoine de la misère. Il était tout à tous, et n'était à personne, conception qui en

1. 46. C. *Ibid.*

imposant le respect du capital n'en permet d'autre usage qu'une sage et ménagère jouissance, et aboutit à le rendre en principe inaliénable (1).

C'est donc par erreur qu'on a considéré les biens des fondations pieuses comme appartenant à l'Église (2). Elle n'en avait, en tant que personne juridique, que la garde et le soin. La cause de cette erreur réside dans une confusion de langage. Le terme « fondation » qui désignait d'abord le but de la libéralité a servi plus tard à désigner l'institution en activité; de sorte qu'au lieu de dire, la fondation à une personne morale, qui la met en train, on a dit qu'elle est une personne morale; et comme cette dernière se confondait avec l'Église, un sophisme a suffi à quelques auteurs pour lui adjuger en toute propriété le bien des pauvres. « On a contesté, dit Goudsmit (3), la possibilité d'une pareille création, et l'on a prétendu que toutes les dispositions *ad pias causas*, dont il est question dans le droit Romain n'ont d'autre sujet que l'Église en général ou une paroisse en particulier. Mais, c'est évidemment confondre l'administration des établissements de bienfaisance avec leur existence propre. En effet, les constitutions invoquées à l'appui de ce système confirment bien les rapports intimes du *piæ causæ* et de l'Église, celle-ci exerçant sur elles une surveillance incessante, mais la possibilité d'une personnalité propre des fondations religieuses (j'aimerais mieux dire aux fondations) est si peu exclue par les constitutions qu'au contraire elles la présupposent implicitement. »

1. Vr Roth. *Ueber Stiftungen Jahrb. fur die Dogm. von Ihering.* I, 202.

2. Koszhirt, cité par Savigny. Tte de D. R. Ch. II, § 88, p. 271. Tr. fr.

3. P. 82. Trad. Van Vuylstecke. Durand et Pedone-Lauriel, 1873

B. 10

Ainsi une multitude de fondations s'élevèrent à l'ombre de l'Église pour le soulagement de toutes les formes de la misère : « *orphanotrophia*, » pour les orphelins ; « *plochotrophia* » pour les pauvres ; « *xenones* » pour les voyageurs ; « *nosocomia* » pour les malades ; « *geronto-comia* » pour les vieillards ; « *bretrotrophia* » pour les enfants trouvés (1).

Quels étaient la nature, le régime extérieur et intérieur de ces établissements? Les uns étaient institués par les évêques ; ceux qui étaient redevables de leur fondation à des particuliers, n'étaient pas seulement placés sous la surveillance épiscopale, mais assimilés, pour l'administration, aux biens d'Église, à tel point qu'ils semblaient, ce qui n'est pas exact au fond, faire partie de son patrimoine. J'ai déjà insisté sur la réfutation de cette erreur. On peut se convaincre, en parcourant les titres du Code, ou les Novelles qui se réfèrent à l'administration, que, si les règles sont communes aux uns et aux autres, la confusion n'est jamais faite entre les biens de l'Église et ceux des établissements charitables (2) ; les premiers sont toujours spécialement mentionnés à côté des autres. « *Sancimus ordinatores rerum sanctissimæ majoris Ecclesiæ, aut orphanotrophii aut nosocomii, etc.. »*

En ce qui concerne les établissements de bienfaisance dus à l'initiative privée, l'évêque avait un double pouvoir ; celui de faire des modifications à l'exécution des volontés du fondateur, quand bien même il avait prohibé l'immixtion de l'autorité religieuse ; il avait, en outre, un droit de surveillance sur l'administration. On l'exerçait d'ordinaire conformément aux intentions du fondateur

1. Code de Justinien. Liv. I, t. 5, loi 18 et *passim*.
2. Nov. CXXX, Ch. 1, 5, Pr. et § 2, etc.

qui pouvait nommer les administrateurs de l'établissement (1). Ce dernier pouvait aussi en déléguer le choix
à un tiers, par exemple, à l'héritier. En tout cas, les
règles canoniques devaient être observées ; ainsi les
clercs semblent avoir été les seuls admis aux charges de
l'administration (2). L'évêque devait les confirmer. Il
avait le contrôle de leur gestion et pouvait les destituer.
Faute de choisir promptement les fonctionnaires, le
droit de nomination passait de ceux qui devaient l'exercer
à l'évêque, seul capable de la faire, quand, d'ailleurs le
testateur ne l'avait pas réservée.

Les établissements ecclésiastiques ou privés avaient
un directeur, des économes, des archivistes. Les
« orphanotrophes » représentaient en justice les orphelins, géraient leurs biens, qui leur étaient remis, en
présence d'un notaire, devant le *magister census*, ou
le président de la province. Il leur était permis de les
aliéner en cas de besoin ; on ne les obligeait pas à rendre
compte (3).

Dans les hôpitaux, le service des salles était fait par
les « *parabolani* » qui « *ad curanda debilium œgra
corpora deputantur.* » Leur condition était très-recherchée. A Alexandrie, il fallut en limiter le nombre à 600.
L'évêque devait les choisir parmi les individus habitués
déjà au métier de garde-malade (4).

Quelques mots sur les règles d'administration.

Ces établissements étaient soumis à des règles que la
volonté du fondateur ne pouvait modifier. Les aliénations

1. C. Loi 45, 1, 2.
2. Nov. CXXIII. Ch. 23, *princip.*
3. C. Liv. I, t. 3, l. 32.
4. C. *Eod.* Loi 18.

d'immeubles, ou des annones civiles étaient défendues (1), sauf en certains cas bien déterminés. (Plusieurs empereurs avaient affecté aux fondations, des rentes de vivres ou annones destinées à la nourriture des indigents. Valentinien en 454 les confirma et défendit de les diminuer) (2).

Les infractions aux règles prohibitives des aliénations d'immeubles étaient sévèrement punies. Les tabellions qui y avaient prêté leur ministère étaient bannis. Les juges qui les avaient confirmées perdaient à la fois leur charge et leurs biens, les économes qui les avaient consenties, étaient destitués (3).

Etaient autorisés le bail emphytéotique pour deux générations, non comprise la vie du contractant, l'administration ayant pendant deux ans la faculté de dédit (4); en certain cas l'emphytéose perpétuelle (5); les locations qui n'excédaient pas 30 ans (6), l'antichrèse (7) avec imputation des fruits sur le capital prêté et sur les intérêts jusqu'à concurrence de 4 0/0. Ces conventions étaient interdites aux administrateurs et à leurs parents agissant directement ou sous le couvert de prête-noms, sous peine de nullité de contrat etc., et en cas de fraude, d'attribution de leur hérédité à l'établissement (8).

Ces précautions, étaient bonnes, mais les peines trop rigoureuses. Telles étaient les principales règles d'administration pour les établissements de bienfaisance situés

1. Nov. CXX.
2. C. I, t. 2, loi 12.
3. C. *Eod.* Loi 14, §§ 2, 3, 5.
4. Nov. CXX. Ch. 1, § 1.
5. *Eod.* § 2.
6. *Eod.* Ch. VI.
7. *Eod.* Ch. III.
8. *Eod.* Ch. XI. *Quibus pœnis...*

dans la ville de Constantinople : quant à ceux de la ban-
lieue et des provinces, les pouvoirs des directeurs étaient
un peu plus larges. La plupart de ces maisons étaient
pourvues d'une commission administrative, qui, en vertu
d'une décision prise à la majorité des membres et après
serment prêté entre les mains de l'évêque sur la nécessité
et le profit certain de l'opération, pouvait consentir un
bail emphytéotique perpétuel, une dation de meubles en
paiement au créancier, ou s'il refusait tout arrangement,
une adjudication au plus haut enchérisseur, précédée
d'annonces faites pendant vingt jours consécutifs (1).

Les maisons de bienfaisance étaient dotées de nombreux
priviléges établis en faver des biens ou du personnel.

Pour les biens, exemption des *munera sordida* et
des taxes extrordinaires.. *descriptiones extraordinariæ*;
mais non des corvées pour travaux d'utilité commune,
routes, ponts, etc.; exemption de la *descriptio lucrativa*
(prélèvement au profit de la curie) quand la maison
recueille les biens d'un curiale (2); de l'insinuation des
libéralités inférieures à 500 solides; de l'application de
la Falcidie aux legs qu'elles recueillent. Mais elles restent
soumises aux réquisitions opérées pour le service des
postes et des transports (*angaria plaustra*), service
auquel l'Empire attacha toujours la plus grande importance, etc.

Quant aux personnes, elles ne relèvent que de la juridiction épiscopale (3), prérogative due sans doute à leur
qualité de clercs, car les *parabolani* ou garde-malades
sont soumis à celle du juge ordinaire (4); elles sont exemp-

1. Nov. CXX. Ch. 6.
2. CXXXI. Ch. V et Cod. L. I, t. 2, loi 5.
3. Cod. Liv. I, t. 3, 17. Nov. XXXIII. Ch. 21.
4. Cod. *Eod.*

tées des charges publiques fort onéreuses comme on le sait ; de tous les *munera sordida*, ou vils travaux auxquels le commun du peulpe était assujetti, etc..

Le service de la bienfaisance avait donc reçu une vigoureuse organisation, qui, comme on peut s'en convaincre, ne diffère pas très-sensiblement de celle de nos modernes institutions.

CHAPITRE IV.

COUP D'OEIL SUR L'ASSISTANCE PRIVÉE

Indépendamment des sacrifices consentis par l'État envers le paupérisme dans un but politique de préservation sociale plutôt que d'humanité, l'indigence avait-elle dans l'antiquité d'autres ressources !

De nos jours, la misère est allégée le plus souvent par des moyens qui ne doivent à l'État qu'une simple tolérance, sa protection morale, ou des combinaisons législatives destinées à en faciliter l'application. D'une part la charité, quand elle n'est pas absolument individuelle et directe, s'exerce à l'aide de mille inventions ingénieuses qui sollicitent sans cesse la générosité publique : souscriptions, loteries, ventes de bienfaisance, etc., sans parler des grandes institutions que ses libéralités alimentent. D'autre part, le prolétariat arrive à tirer de ses propres sacrifices des ressources qui, mises en commun, et distribuées suivant les besoins garantissent une foule d'individus contre les extrémités de la misère.

§ 1er. — LA SOCIÉTÉ ROMAINE A-T-ELLE CONNU LA CHARITÉ?

Quant à la charité privée, les Romains l'ont à peine soupçonnée. Cette vertu n'a pas même de nom dans leur

langue. Une inscription du temps d'Auguste la désigne
cependant par une périphrase... *hominis boni miseri-
cordis amantis pauperes* (1). On voit aussi le Centurion Corneille loué dans les actes des apôtres par ses
aumônes envers les pauvres (2). Ce sentiment put éclore en
lui au contact des idées chrétiennes. Une autre inscription
nous montre encore un legs fait par un épicier-pharmacien
de Lorium à son gendre, épicier comme lui, pour fournir
gratuitement aux malades indigents de cette ville quelques
médicaments (3). Mais l'authenticité de cette inscription
est contestée. Quoi qu'il en soit, les textes de ce genre
sont très-rares, en comparaison de ceux qui mentionnent
des donations faites pour élever ou réparer les monuments
publics. Plus loin, nous dirons un mot des collèges ou
corporations qui se multiplièrent à Rome, surtout dans les
classes souffrantes, et dont les affranchis et les esclaves
formèrent l'élément le plus nombreux. Ces sociétés furent
fréquemment l'objet de la part des riches, de libéralités dont
le mobile n'était nullement la pitié pour leurs infortunes,
mais le souci du culte de leur tombeau. On sait l'intérêt que
les Romains attachaient à l'accomplissement régulier des
sacrifices funéraires. Ils croyaient que leur repos dans
l'autre vie en dépendait. Assurer la perpétuité de ce culte
posthume était pour le Romain, la plus grande préoccupation de sa vie, et, pour sa famille, le plus sacré des
devoirs. C'est cette croyance qui, mieux que toutes les lois
postérieures, procura pendant longtemps la fécondité des
mariages. C'est elle qui inspira l'idée de l'adoption, pour
remplacer par un fils électif, l'enfant légitime, gardien et

1. Orelli-Henzen. 7214.
2. Egger. Mém. d'H. A. 352.
3. Orelli. 114.

prêtre de la tombe. C'est elle encore qui inspira à l'un des Fabius, défenseur du Capitole, un grand acte de courage(1). Or, les riches de peur de manquer, non de tombeaux, mais de regrets et de cérémonies par l'extinction ou la négligence de leur famille, imaginèrent d'en charger des corporations, et de leur léguer les sommes nécessaires pour fournir aux dépenses de copieux repas funèbres auprès de leurs cendres.

Ce n'était donc pas la compassion qui présidait à ces largesses. La bienfaisance n'en était que la conséquence indirecte et non voulue.

Cependant, nous avons vu déjà, en parlant de l'institution alimentaire de Trajan, l'exemple de quelques libéralités posthumes en faveur des enfants, qui partent d'un sentiment plus humain et plus désintéressé.

En somme, l'action de la charité, dans le monde romain, fut presque nulle, sa période d'activité sérieuse et féconde ne commence qu'au jour de la prédication évangélique : c'est elle qui triomphe de l'incurable égoïsme de l'antiquité. Elle fit aimer le pauvre et l'infortuné ; c'est-là son plus beau titre de gloire. Il suffit pour faire éclater le contraste entre l'ère ancienne et l'ère nouvelle d'opposer au vers célèbre de Plaute : *lupus est homo homini ignoto...* cette simple épitaphe gravée sur la tombe d'un des premiers néophytes.

> Ilic levita jacet Dionysius artis honestæ
> Functus et officio quod medicina dedit.
> . . . .
> Sæpe salutis opus pietatis munere juvit
> Dum refovet tenues dextera larga viros
> Obtulit ægrotis venientibus omnia gratis.

1. Tit.-Liv. V, 46.

« On peut apprécier par là combien le progrès des
« mœurs a été grand, et quelle rénovation sociale a dû
« avoir lieu pour arriver à cette assistance gratuite et
« efficace qui se traduit par la création des hôpitaux et
« la pratique de la médecine gratuite (1). »

§ 2. — SOCIÉTÉS DE SECOURS MUTUELS.

A défaut de la charité, les classes souffrantes de Rome
ont-elles connu les bienfaits de ces associations qui les
unissent aujourd'hui dans une assistance commune
contre les extrémités de la misère?

Les associations de prolétaires sont fort anciennes.
Elles se multiplièrent rapidement pendant la période
républicaine avec la tolérance de l'autorité jusqu'au jour
où leur immixtion dans la politique les fit proscrire. La
puissance impériale en prit ombrage. Auguste cassa toutes
les sociétés excepté celles qui étaient anciennes et légitimes (2). Leur établissement fut soumis désormais au
régime de l'autorisation préalable, très-difficilement accor-
dée. Cependant, malgré la menace de peines terribles,
plus tard appliquées aux chrétiens sans ménagements (3),
la tenacité du peuple triompha des lois prohibitives jusqu'à ce qu'enfin la puissance des empereurs les prît sous
sa protection.

C'est que l'association répondait à des besoins cons-
tants, dont la satisfaction profitait à la sécurité publique

1. Dʳ Briau. 106. *Assistance médicale chez les Rom.*
2. Suétone (Aug.). 32. D. Liv. 47, t. 22. *De colleg. et corp.*
3. Vʳ Boissier. *Revue des Deux-Mondes.* Les assoc. ouvr. et
charit. à Rome, 1ᵉʳ déc. 1871.

en écartant les causes de trouble. Elle allégeait le sort
d'une foule d'individus que les extrémités des souffrances
pouvaient pousser à la révolte. Du reste la plupart d'entre
elles (charpentiers, maçons, convoyeurs de bois, fabricants de draps, meuniers, boulangers) étaient utiles à
l'État qui, se considérant comme le grand pourvoyeur de
tous les besoins publics, s'appuyait sur elles pour assurer
l'approvisionnement de Rome. La protection devint
bientôt servitude. Nous avons montré le triste assujettissement où fut réduite la population ouvrière de l'Italie
par cette fausse conception de l'intérêt public.

Mais, avant ces abus, elles avaient rendu de grands
services à la classe pauvre de Rome, qui trouva dans leur
sein la plupart des bienfaits qu'elles procurent de nos
jours à leurs membres et même d'autres encore, dont les
croyances de ce peuple expliquent seules la grandeur et
le prix.

Outre le plaisir toujours si vif et si légitime d'échanger
ses idées au milieu d'un groupe d'amis discrets, le menu
peuple y trouvait la force que donne l'union pour résis-
ter aux exigences de l'autorité et se relever un peu de
son abaissement. Les étrangers s'y faisaient affilier pour
se créer des sympathies improvisées, les vétérans pour
s'affranchir de l'isolement, après un long service, les
ouvriers libres, très-malheureux, se formaient des liens
de parenté élective. Les esclaves eux-mêmes, y pénétrè-
rent en grand nombre avec l'autorisation de leurs maîtres.
Il y régnait une fraternité bien douce, pour des malheureux qui, accueillis, quels qu'ils fussent sur le pied
d'égalité avec les hommes libres, sentaient, pour un
instant, le mépris tomber de leur front et leur âme re-
naître à l'humanité. « C'est, dit M. Boissier, l'esclave

« qui gagna le plus à la fraternité des collèges... L'as-
« sociation le fait sortir de la maison domestique, elle
« l'introduit dans un monde nouveau où il fréquente des
« hommes libres, dont il est l'égal, dont il peut devenir
« quelquefois le supérieur. Le droit d'association relève
« l'individu dans la cité et lui donne une certaine im-
« portance politique. Parmi les affiches électorales qu'on
« rencontre en si grand nombre sur les murs de Pompéï,
« plusieurs sont l'œuvre des collèges de la ville, ils ont
« leurs candidats qu'ils recommandent au peuple (1)...»

Qu'étaient au juste ces associations ? Avant tout, des
sociétés religieuses. Quelques-unes même n'eurent d'autre
but, que les hommages à rendre à quelque divinité.
Chacune d'elles avait son dieu, sa chapelle (*schola*), ses
fonctionnaires religieux. Chacune était une confrérie.
Les sacrifices y furent toujours en grand honneur, et
leur culte dura jusqu'à la fin de l'Empire.

Il s'agissait surtout pour elles, de procurer à chacun
de ses membres, après son décès, une sépulture convenable, et « ce que nous appellerions un service perpétuel (2). » Les Romains y tenaient beaucoup. Grâce à
la société, les liens de la parenté d'élection qu'elle éta-
blissait entre ses membres, leur ménageaient les moyens,
grâce au concours des survivants, de se réunir dans le
même tombeau, et d'obtenir à perpétuité des nouveaux
adeptes le bienfait des sacrifices célébrés pour le repos de
tous les défunts.

Les premiers en date et les plus anciennement connus
ont laissé des monuments durables. Ils se faisaient cons-

1. Boissier. *loc. cit.*
2. Boissier. *loc. cit.*

truire un *columbarium*..., lieu de sépulture commune,
que l'inscription suivante fera suffisamment connaître :

L LICINIVS) L ALEXA CVRATOR SOCIORVM
SECVNDVS IS MONVMENTVM EX PECVNIA
COLLATA SOCIORVM ÆDIFICAVIT ARBITRATV
SVO IDEM QVE TECTORIA PERFECIT ET TRICHLINIVM
SOCIORVM EX SVA PECVNIA OPERE TECTORIO
PERPOLIT ET AMICIS DONVM DEDIT
ET EX AMICORVM AERE COLLATO IMAGO EI
FACTA EST ET SINE SORTE PRIMO A SOCIIS
QVAS VELLET OLLAE SEX S DATAE SVNT
EI QVE OB OFFICIVM ET MAIESTATEM EIVS
(1) IN PERPETVVM IMMVNITAS COLLATA EST.

D'autres colléges plus récents et plus récemment connus
n'avaient pas de *columbarium*, étant trop pauvres pour
le faire construire. L'inscription de Lanuvium (2) (gravée
en 136) nous révèle, sur ces derniers, des détails d'organisation qui sont pour la plupart communs à tous les
autres. Le but du collége d'Antinoüs et d'Esculape était
de fournir aux membres une sépulture honorable. On y

1. Orelli-Henzen. 7372. — On peut voir, d'après cette inscription,
comment les tombeaux étaient construits et approuvés. On tirait
au sort pour attribuer à chacun un lot de niches, petites cryptes,
ménagées dans la muraille, où l'on plaçait les urnes cinéraires.
Ce Licinius, qui fut le deuxième curateur en date du collége, avait
reçu la mission de construire, comme il le jugerait convenable, un
tombeau commun aux frais de ses membres. Il avait, à ses dépens,
embelli la salle à manger du tombeau des associés avec un enduit
(*opere tectorio*). On lui fit en récompense un buste d'airain et on
lui permit de choisir, avant le tirage au sort, 6 *ollœ* ou niches; de
plus, on l'exempta pour toujours du paiement de la cotisation. Il
ne faut pas s'étonner, dit M. Rénier, à son cours, de rencontrer
une salle à manger près du tombeau : les repas funèbres étaient
de rigueur.
2. Giraud. *Novum juris Enchiridium.*

pourvoyait moyennant un droit d'entrée de 100 sesterces
(20 francs) et d'une cotisation mensuelle de 5 as (0,25 c.).
Le plus souvent, on donnait à l'héritier du défunt un
« *funeralicium.* » C'est une indemnité pour acheter le
tombeau, payer le bûcher, et faire les distributions d'usage
aux membres présents. La comptabilité de la caisse commune était sévèrement tenue. Le versement mensuel obligeait les membres à des réunions périodiques où l'on dut
causer plus d'une fois de politique. L'ordonnance des repas
était sévèrement réglée. On y trouve des amendes graduées
contre ceux qui se lèvent de leur place, injurient un col-
lègue ou le président. Le menu du festin paraît frugal, on
servait à chacun un pain et quatre sardines. Cependant
on y faisait telle chère que l'autorité crut devoir régler la
dépense au *maximum* de 120 écus non compris le pain,
le vin et les légumes.

Des libéralités étrangères faisaient les frais de ces festins. C'étaient tantôt la contribution des magistrats ou
patrons du collége, élus parmi les gens riches, qui payaient
cet honneur en écus, tantôt les legs de ceux qui redoutant
la solitude pour leur tombeau, laissaient à la société de
quoi célébrer chaque année en leur honneur un ou plusieurs repas funèbres. L'appétit de ces pauvres gens, souvent saméliques, assurait l'exact accomplissement de ces
religieuses bombances.

A la fin, les libéralités se multipliant, les colléges ne
furent plus occupés qu'à ce pieux devoir de manducation.
On comprend combien la fréquence de ces festins dut
alléger la misère des malheureux ; mais rien ne ressemble
moins à l'œuvre d'une institution charitable que ces exercices gastronomiques et ces franches lippées. La charité
est plus économe, elle nourrit, mais ne régale pas.

M. Boissier, à qui j'emprunte la plupart de ces renseignements, se pose lui-même la question de savoir si l'on peut trouver dans ces associations le caractère d'assistance mutuelle de bienfaisance. « Il est certain, dit-il, qu'elles « n'avaient qu'un pas à faire pour le devenir. Mais ce pas « l'ont-elles fait? Peut-on établir que d'une manière régulière et permanente elles venaient en aide à leurs « membres indigents? Se regardaient-elles comme des « sociétés charitables? M. Mommsen est assez porté à le « croire (1), quant à moi j'avoue qu'après avoir étudié « avec soin les inscriptions qui les concernent, il ne me « paraît pas possible de l'affirmer... Cependant, les libéralités (qu'ils recevaient) à les prendre par leurs résultats plutôt que par leur principe avaient souvent les « mêmes effets que les secours aux malheureux. Ces festins éternels que le protecteur offrait aux associés devaient diminuer leurs dépenses particulières. Le profit « fut plus grand encore quand on eut l'idée de les remplacer par des distributions de vivres... » C'est le christianisme qui devait opérer cette transformation.

1. Mommsen. *De collegiis.* Serrigny, D⁢ adm. des Romains, professe la même opinion.

§ 3. — CLIENTÈLE.

Pour terminer cette revue de l'assistance privée, il me reste quelques mots à dire sur la clientèle (1), institution ou coutume bizarre qu'on vit naître vers la fin de la République, de la corruption des mœurs et des extravagances du luxe, et qui fit vivre, durant plusieurs siècles, une multitude affamée des services d'une domesticité déshonorante.

Cette clientèle n'a rien de commun avec son aînée que le nom (2), c'est une dépendance volontaire et très-recherchée où le client fait, près du patron, métier de valet et besogne de parasite ; exploitant la vanité de son maître qui exploite à son tour sa bassesse ; méprisé, mais nourri.

Il vint à la mode, parmi les gens riches, de s'attacher une séquelle d'hommes oisifs qui, lorsqu'ils paraissaient en public, devait leur faire escorte et donner plus d'éclat à l'exhibition de leur personne. « Avec le temps, cet « usage se généralisa tellement que tout homme dans les « affaires, même avec peu de fortune, se voyait obligé, « dans l'intérêt du maintien de son crédit, d'entretenir « un certain nombre de clients pour le cortége de sa « chaise à porteurs, de sorte que la clientèle devint une « condition pour vivre » (3).

Le client devait faire chaque matin à son patron une

1. Vr Friedlænder. *Mœurs Romaines.* Trad. Vogel. T. I. P. 268 et suiv.
2. Vr Ch. Ier.
3. Friedlænder. *op. cit.* P. 270.

visite de rigueur. « Dès que la lueur des astres commence à devenir incertaine, dit Juvénal, le pauvre client s'arrache à son sommeil et s'habille avec tant de hâte qu'il oublie de nouer les cordons de ses chaussures, de peur que l'armée des visiteurs n'ait terminé son défilé avant qu'il arrive. » (1) Toute absence était inexcusable et punie par la perte du salaire quotidien. Une fois admis près du patron à travers les rebuffades des esclaves et les dédains des affranchis, son rôle l'obligeait à le saluer avec les formules de la plus plate servilité et à l'appeler son roi ou son maître, sous peine de perdre sa paie et même la faveur du patron. « Un matin, par hasard, s'écrie Martial, je t'ai appelé par ton nom, Cécilianus; sais-tu ce que m'a coûté cette audace? Cent quadrants (1f.55c) (2). On sait que le pauvre poète avait dû, pour vivre, engager ses services et même sa muse dans ce triste métier, oisellerie mensongère du visiteur à gages.

Le patron retenait le client quand il avait besoin de sortir en ville. Alors la matinée, parfois le jour entier se consumait à le suivre dans ses promenades et ses visites ; pénible corvée qui finit par dégoûter Martial de l'amitié d'un certain Bassus dont l'humeur folichonne l'entraînait chaque jour à sa suite chez dix ou douze veuves (3).

Dans la maison du maître, l'office du client consistait à s'ingénier pour lui plaire. Il devait prêter l'oreille à toutes ces causeries, chanter quand il chantait, boire quand il buvait; perdre au jeu d'échecs, lui servir de bouffon, applaudir à ses bons mots, ne pas ouïr ses incongruités, et enfin se composer sur son humeur et son visage, à moins que le

1. Sat. V, 19.
2. Ep.
3. Ep. IX, 101.

maître, impatienté de tant de soumission, ne l'obligeât à le contredire pour varier ses distractions.

Pour prix de ces complaisances, le client recevait un salaire régulier en argent ou en nature ; parfois de petits cadeaux : quelques mesures de fèves, une toge plus souvent usée que neuve (c'était un vêtement très-lourd et très-chaud qui devint le costume officiel de la clientèle) ; c'était aussi de l'argent ou même, comme Martial, un domaine, mais si petit que l'aile d'une cigale l'eût couvert (1); enfin des invitations à la table du patron ou son assistance sous la forme d'un prêt, d'une caution.

L'usage avait fixé, depuis Domitien, le salaire du client à cent quadrants = 1 f. 55 c par jour, payés ordinairement chaque matin et peut-être par abonnement aux clients privilégiés des grandes familles. Chose curieuse, des nobles eux-mêmes ne dédaignèrent pas de rechercher cette misérable pitance du pauvre. « Tu ne crains pas, dit Martial à un noble Romain, de te mêler aux porteurs de litières et de disputer à d'autres la première place dans la boue... Nos modestes toges sont éclipsées par la pourpre de tes vêtements (2).

Du reste, rien n'était moins assuré, en général, que la récompense du client. Le patron qui se souciait de lui « comme d'un clou à un soufflet » le négligeait souvent, tantôt rognant sur ses appointements (3), tantôt feignant d'être malade pour ne pas faire l'aumône matinale. Notre poète s'en vengeait par des épigrammes. C'est à mes dépens, dit-il, Cécilianus, que tu paies à ta maîtresse une robe vert-porreau (4); ou encore celle-ci à l'adresse de

1. Ep. XI, 18.
2. Ep. IX, 10. Juv. Sat. Iᵉ, V, 117 à 128.
3. Ep. IX, 20, 88.
4. Ep. X, 29.

Paulus : « Quand ce cher ami est malade ; ce n'est pas lui, c'est nous qu'il condamne à l'abstinence ; ce mal subit n'est qu'une comédie, c'est ma sportule qui est morte (1).

Aussi s'avisaient-ils de solliciter sa générosité par de petits présents : un tapis, une boîte de figues, un léger baril d'olives rugueuses. Ils essayaient tous de s'insinuer dans la clientèle de plusieurs maîtres ; dur service qui augmentait leur peine sans accroître beaucoup leurs profits, témoin ce Crispus qui ne régalait son client que d'incongruités : « Je ne vois rien que je puisse croire un témoi- « gnage de ton amitié si ce n'est l'habitude que tu as de « ne pas te gêner devant moi (2). »

C'était la moindre de leurs humiliations et l'on peut voir dans Juvénal, Martial, Lucien, etc., les avanies qu'ils subissaient à la table de leurs patrons dont quelques-uns les invitaient exprès pour les gorger de boisson et se procurer le spectacle amusant de leur ivresse. Les clients plus avisés faisaient main-basse sur les mets et les fourraient pêle-mêle dans leur serviette pour s'en régaler chez eux ou les vendre.

A côté de la clientèle, il y avait encore une foule de gens qui vivaient du métier d'écornifleurs. On en voit qui s'attachent aux pas d'un homme et le comblent de flatteries pour attraper un dîner ; d'autres se tenaient dans les Thermes assiégeant de prévenances les baigneurs qui ne s'en délivraient qu'en les invitant.

1. Ep. IX, 86.
2. Mart. Ep. X, 34.
Je trouve dans l'ouvrage, d'ailleurs, si remarquable de M. Friedlænder une note bizarre sur ce passage : « Le plus fort témoignage d'amitié envers le client, c'était de ne pas s'imposer la moindre gêne en sa présence ! » T. III, notes in fine, p. 105. Il est difficile de croire que Martial (c'est de lui qu'il s'agit) ait pu jamais prendre une incongruité pour un compliment et surtout pour la plus forte expression de l'amitié. Ce même poète ne dit-il

Singulière existence, en vérité, et pourtant plus à plaindre qu'à flétrir si l'on songe que l'oisiveté de tant de gens
sans aveu était l'inévitable résultat d'une situation économique créée longtemps avant eux par la cupidité des grands
qui accaparèrent le sol, avilirent le travail libre dans les faits
par la culture et l'industrie serviles, dans l'opinion, par leur
mépris des professions manuelles; abaissèrent enfin la noblesse des âmes en invitant par l'appât d'une paie, le menu
peuple à trafiquer de son honneur au profit de leur vanité.
Martial avait bien raison de trouver que le sort de l'esclave
était trois fois préférable à une vie si pénible et si
dégradée (1).

pas plus loin : *Pedis? dissimulo.* Je fais la sourde oreille. XII, 40.
La gravité germanique prend trop au sérieux une plaisanterie un
peu risquée.
   1. Mart. Ep. IX, 23.

CONCLUSION.

Si, à toutes les précédentes ressources de la misère on ajoute les subventions fréquemment attribuées par les empereurs aux victimes des grands malheurs publics, les distributions d'argent faites, les bombances publiques offertes au peuple à l'occasion de leur avénement ou de leurs anniversaires, enfin les remises de plus en plus nombreuses de tributs consenties, surtout depuis Hadrien, en faveur des provinces épuisées, on aura fait le compte des secours publics ou privés, qui depuis les premiers siècles de la ville furent employés à soulager la détresse d'un prolétariat toujours plus nombreux. Cette maladie de l'État romain eut cependant quelques rémittences plus ou moins longues, qui succédèrent, sous la République, aux distributions de terres, et, pendant l'Empire à l'avénement d'une famille de princes dont l'administration vigilante et libérale procura la paix intérieure, l'essor de la culture et du commerce, le morcellement du sol et une diminution notable du paupérisme. Mais l'anarchie militaire vint ramener toutes les infortunes du passé.

Nous avons essayé, dans le cours de cette étude, d'apprécier ces diverses mesures; elles nous apparaissent, jusqu'à Trajan, comme autant de concessions arrachées par les révoltes du paupérisme à l'aristocratie; mais les suivantes sont empreintes d'un caractère bien différent. Une rénovation morale, commencée par la philosophie stoïcienne, avait déjà révélé à l'homme la bonté de sa

propre nature en lui faisant entrevoir tous ses semblables,
y compris les esclaves, comme les membres d'une grande
famille, chargés d'obligations réciproques. Cicéron nous
apprend que, de son temps, le Sénat s'occupait à racheter les captifs et à secourir le menu peuple (1). Nous
avons vu aussi le jurisconsulte Paul constater et approu-
ver l'usage des fondations au profit des enfants et des
vieillards.

Cette grande idée de la solidarité universelle des
hommes reçut du Christianisme un immense développement. En faisant concevoir à tous les heureux du monde
la charité comme un devoir de conscience, en provoquant
l'épanchement de leur générosité sur toutes les infortunes, il contribua puissamment à l'extinction des haines
sociales. Heureux si les continuateurs de la doctrine évangélique fussent restés fidèles à cette mission sublime
d'apaisement par la charité !

La somme de bienfaits que cette vertu nouvelle a pro-
curée à l'humanité est incalculable. A combien de malheureux n'a-t-elle pas rendu leur misère plus douce. Que
d'infortunes n'est-elle pas encore appelée à soulager ?
Cependant malgré l'inépuisable effusion de ses secours, on
ne peut pas dire que le nombre des misérables ait diminué,
et sa tâche semble, de nos jours, aussi laborieuse que par
le passé. C'est que la suppression de la misère, au sein
d'un pays, n'est pas une simple question de bienfaisance,
mais une question de politique et de gouvernement. Il suffit
pour s'en convaincre, de songer à tous les maux qu'en-
gendrent les guerres folles, la mauvaise administration,
les abus des priviléges et de réfléchir, pour prendre

_____

1. Cic. De off. II, 6t.

l'exemple de la France, quels grands progrès l'aisance générale du peuple doit aux réformes de notre première révolution. Grâce à elle nous ne connaissons plus les calamités du dernier siècle qui inspiraient à Saint-Simon ces tristes paroles: « Au milieu des profusions de Strasbourg et de Chantilly, on vit en Normandie d'herbe des champs. Le premier roi de l'Europe ne peut être un grand roi s'il ne l'est que de gueux de toutes conditions et si son royaume tourne en un vaste hôpital de mourants à qui on prend tout en pleine paix. » Nous ne connaissons plus les excès d'une fiscalité féroce qui arrachait à l'homme presque tous les fruits de son travail pour alimenter le faste des privilégiés et de la Cour, et grâce au bon sens populaire, nous avons fait l'économie de la Cour elle-même, trop bien instruits par la capacité et l'inconduite du dernier régime du prix que coûte à un peuple le luxe d'un gouvernement monarchique.

Le paupérisme est encore le fléau de tous les pays de grande industrie. Mais il dépend des chefs de l'État d'en atténuer en grande partie la gravité par la sagesse et la vigilance de leur administration, en procurant au travail la paix qui lui donne l'essor, et aux hommes qui vivent du travail l'intelligence et la prévoyance qui en fécondent l'activité. Il appartient surtout à notre gouvernement de ne pas oublier cette généreuse mission. La République a depuis longtemps en France, les sympathies des classes fortunées. Puisse-t-elle ne pas tromper ces légitimes espérances, et après avoir apaisé les discordes sociales, montrer au monde, étonné de notre résurrection, l'exemple d'un peuple régénéré par le travail et la liberté !

TABLE DES MATIÈRES

	Pages
CHAPITRE I. — Origine de la misère et du prolétariat chez les Romains	5
CHAPITRE II. — Accroissement prodigieux du prolétariat romain, ses causes.	12
CHAPITRE III. — Mesures d'assistance publique.	
Section I. — Distributions de terres et fondations de colonies.	17
§ 1. Lois agraires jusqu'à Tiberius Gracchus.	21
§ 2. Lois de T. et C. Gracchus.	35
§ 3. Réaction patricienne, loi Thoria	40
§ 4. De la loi Thoria à Rullus	44
§ 5. Projet de Rullus.	45
§ 6. Projet de Flavius	47
§ 7. Lois de César.	47
Section II. — Distributions de grains. — L'annone.	50
§ 1. L'annone jusqu'à César	50
§ 2. — depuis César.	59
§ 3. — à Constantinople	65
§ 4. Administration de l'annone	66
Section III. — Dispositions en faveur des débiteurs	77
Section IV. — Assistance des soldats.	
§ 1. Solde	91
§ 2. Caisse militaire	93
§ 3. Service de santé militaire.	95
§ 4. Colonies militaires	98
§ 5. Caisses de secours mutuels dans les camps	102
Section V. — Assistance au profit des enfants	105
§ 1. Protection de l'existence et de la liberté	106

B.   12.

§ 2. Assistance alimentaire de Trajan . . . 108
§ 3.   —   — .   depuis Trajan . . 115
§ 4.   —   — ·   dans le Bas-Empire 117
Section VI. — Assistance médicale gratuite à Rome
  et à Constantinople 119
Section VII. — Taxes de denrées et lois de maximum, l'Édit de Dioclétien 126
APPENDICE. — Le maximum sous Philippe-le-Bel et la
  Convention 133
Section VIII. — Institutions charitables de Rome
  et du Bas-Empire. Bureaux de Bienfaisance,
  Fondations, Hospices. 138
CHAPITRE IV. — Coup d'œil sur l'assistance privée. . 151
§ 1. L'antiquité a-t-elle connu la charité . . 151
§ 2. Sociétés ouvrières et charitables. . . . 154
§ 3. Clientèle 160
CONCLUSION 165

Mayenne, Imp. A. DERENNE. — Paris, boulevard Saint-Michel, 52.

Imp. A. DERENNE, Mayenne. — Paris, boulevard Saint-Michel, 52.